感じる科学

さくら　剛

幻冬舎文庫

感じる科学

Feeling Science

さくら剛

Tsuyoshi Sakura

2人ともお互いに
「おまえのパンチなど止まって見えるわ!!」

イチローがベースの上を駆け抜けた

イチローの下をベースが駆け抜け

つまり、地球の中心は
ゴーストだらけのはずだ!!

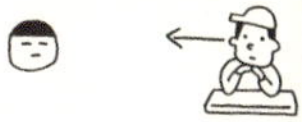

電子は見られていると粒の状態

見ていない時は波の形をしている

でも、見た瞬間、また粒の状態

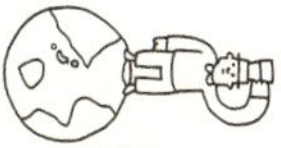

右に90度回転する

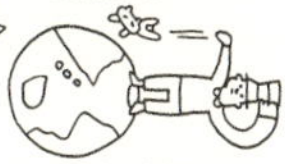

タマを持ち上げて放すと
右から左へ進み地球に張り付く

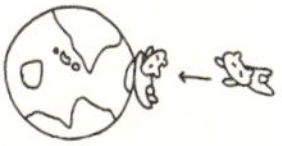

タマはあっという間に引きよせられた

飛びおりると・・・

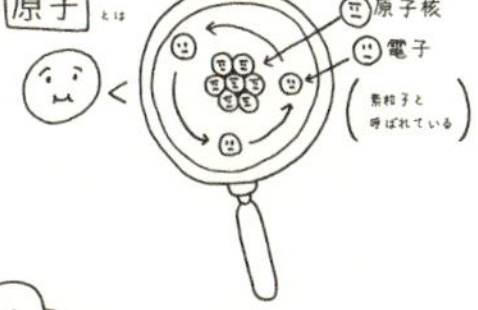

地球と比べて重力が弱い人工衛星は
1日に100万分の45秒、時間が進む

未来へは光速船で宇宙へ行けばタイムトラベルができる

まえがき

はじめに言っておきますが、この本は、**バカバカしい本です。**

もちろん、取り上げるテーマはいたって真面目です。

光とはなにか？　相対性理論とは？　宇宙の外はどうなっている？　タイムトラベルは可能か？　透明人間は作れるのか？

テーマはこのような重厚で真面目なものばかりですが、しかし、真面目なのはテーマだけです。

はっきり言ってこの本は、「光や宇宙や相対性理論について説明した本」としては、**過去**

にこの地球上で発売された中で最もバカバカしい本だと自信を持って断言できます(涙)。

難しい数式など出てきません。数式の代わりに、**バカバカしいたとえ話が無数に登場します。**

このように、1ページ目から著者自らバカバカしさをカミングアウトしているわけですので、本を読んだ後で「なんだこのバカバカしい本は！　ふざけるな！」と文句を言うのはやめてください。

でも考えてみてください。

宇宙のこと、時間のこと、生命の進化のこと、そういうものには誰でも少なからず興味を持っているはずなんです。だって自分が生きているこの世界のことなんですから。

でもそれをちゃんと勉強することに抵抗があるのはなぜかというと、それは教科書や専門書がまったくバカバカしくないせいせいです。

たとえばこの私も、高校時代にはよく「物理の授業っておもしろくなさ過ぎ！　もう勘弁してよっ!!」と嘆いていました。

でも実は、それは決して「物理がつまらない」ということではなかったんです。

違うんです。物理自体がつまらないんじゃないんです。**物理の教科書がつまらなかったんです。** **※あくまで個人の感想です**

市販されている入門書だって同じです。

正直「はじめての○○学」や「○○学入門」という本を読んでも、素人にはどうにもわかりづらいですよね。はっきり言って、入門書を読むための入門書がほしいくらいです。「○○学入門」という本を理解するためには、**「『○○学入門』入門」という本がまず必要なのです。**

もし物理の教科書が東野圭吾さんや宮部みゆきさんによって書かれ、ひとつの項目が終わるごとに**毎回犯人がわかれば**、授業中の生徒の目ももっと活き活きと輝くと思いませんか？

もちろん教科書に登場する人物は限られていますし、罪のないアルキメデスやピタゴラスを勝手に犯人に仕立て上げるのも失礼ですので、ミステリー風教科書を作るのは難しいかもしれません。

でも、そのためにこの本があるのです。

この本はミステリーでこそありませんが、みなさんのやる気を引き出す力があります。

なぜなら、すぐに話がバカバカしい方向に逸《そ》れるので、「そんなバカバカしい話はいいから早く理論を教えてくれよ！」と、**みなさんが著者にイライラしているうちに真面目に勉強したくなってしまうのです。**

相対性理論や、宇宙に時間に生命の進化、それぞれの分野の研究が明らかにした事実というのは、どれも不気味で衝撃的で、初めて聞いたら誰もが「なんじゃそりゃ〜〜!!」と叫んでしまうくらいおもしろいものです。

でもそれを説明する本の「真面目さ」「難しさ」という壁のせいで、多くの人がなんじゃそりゃと叫ぶ機会を失ってしまっていると私は思うのです。

たとえバカバカしくとも、自分の生きるこの世界がどれほどの謎と不思議に囲まれているかを知り、ワクワクの「なんじゃそりゃ〜！」を叫んでみたいという方は、ぜひこの後のページをめくってみてください。

感じる科学 目次

Feeling Science

contents

chapter1 光 hikari

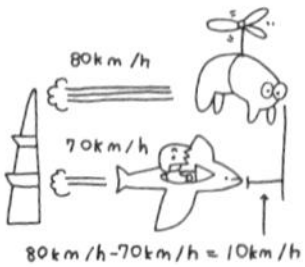

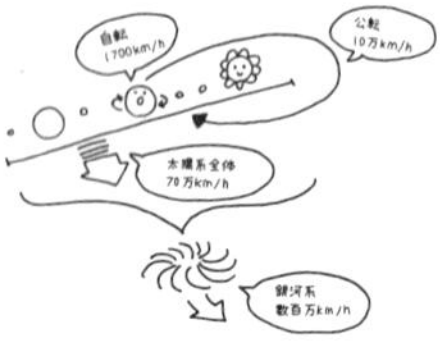

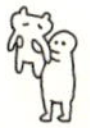

chapter2

特殊相対性理論

tokusyu soutaisei-riron

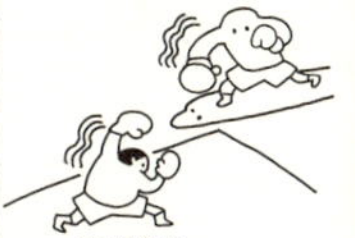

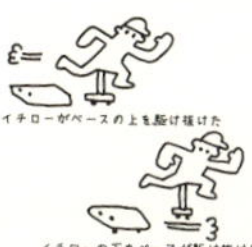

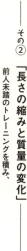

chapter3

万有引力

banyuu inryoku

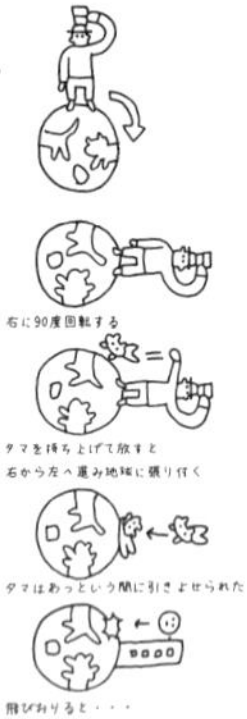

chapter4

一般相対性理論

ippan soutaisei-riron

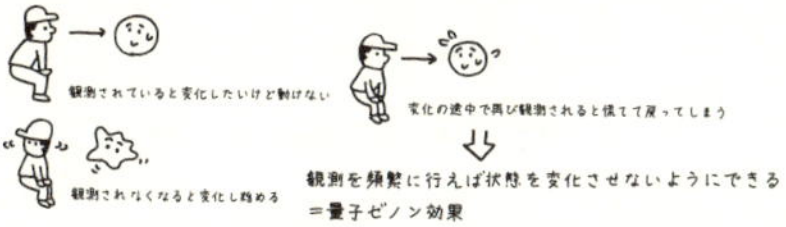

chapter5

量子論

ryoushi-
ron

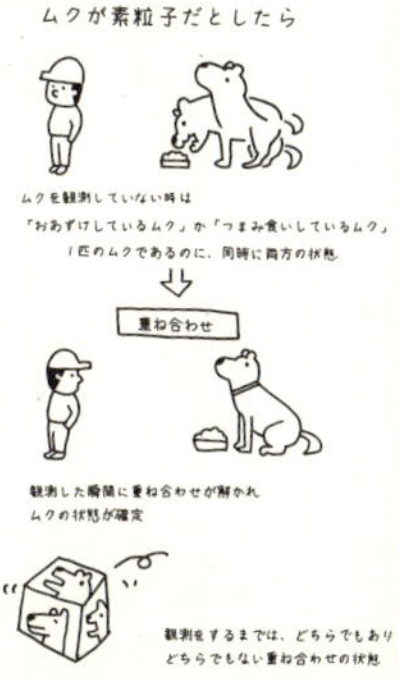

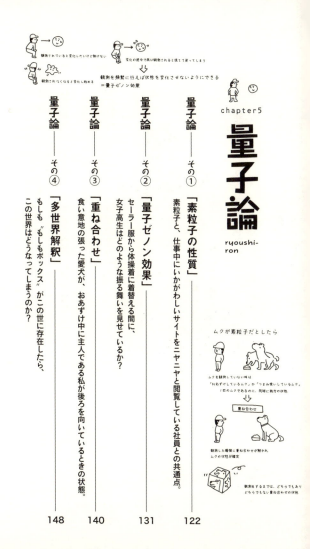

chapter6

タイムマシン

time machine

タイムマシン――その①「閉じた時間的曲線の存在可能性」――158

もしもタイムマシンが発明されたなら、私は真っ先にあの恥辱の日に戻ります。

タイムマシン――その②「親殺しのパラドックス」――168

「未来の世界からセワシくんがダメ男ののび太を助けるために送り込んだドラえもん」というパラドックス。

chapter7

発明

hatsumei

発明――その①「量子テレポーテーション」――180

キムタクと一緒に物質転送装置に入り、合体してキムタク男になる。

発明――その②「光学迷彩」――189

アイドルが帰宅して部屋の電気をつけた瞬間、空中に100個の目だけが浮かんでいる。

発明――その③「人体冷凍保存」――199

いつの日か前にも増して健康な肉体になって解凍されることを夢見て凍る死体たち。

chapter8

宇宙

uchuu

宇宙――その①「宇宙の誕生」――210
いくらなにもなかったとは言っても、セブンイレブンの1軒くらいはあったでしょう。

宇宙――その②「宇宙の終焉」――219
ただひょっとしたらあのお店だけは闇の中で淡々と営業を続けているかもしれない。

宇宙――その③「暗黒物質とダークエネルギー」――227
圓楽さんのお腹に詰まっているものこそが暗黒物質なのでしょうか?

宇宙――その④「地球外知的生命体　前」――236
うさんくさいのは宇宙人そのものではなく、宇宙人の目撃者の人たちです。

宇宙――その⑤「地球外知的生命体　後」――245
北斗七星のわきに輝く〝死兆星〟と名付けられた、その星の住人はどう思うだろうか?

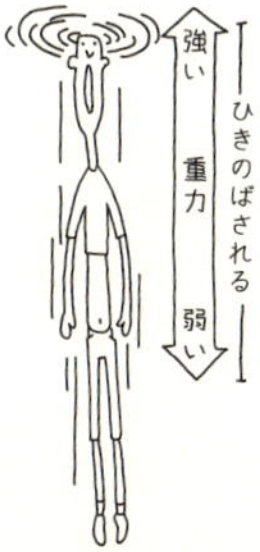

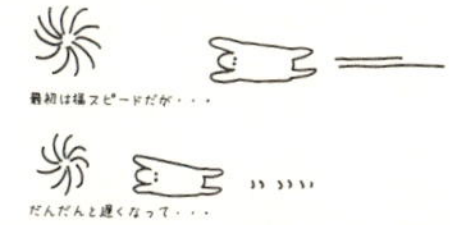

chapter9

進化論

shinka-ron

進化論──その① 「獲得形質と遺伝」 256

整形美女と結婚して子どもが生まれても、当然親の整形後の美しさは子どもに反映されない。

進化論──その② 「個体差または突然変異」 265

キリンもヒトも猫のタマもグラビアアイドルもすべてのほ乳類は2億年前にはネズミのような姿をしていた。

進化論──その③ 「共進化と性選択」 273

『ドラゴンボール』で言えば、お互いにライバル意識むき出しで強くなる悟空とベジータの関係。

進化論──その④ 「生きた化石」 282

もはや格闘マンガの主人公がストーリーの最後の方にやっとたどり着く、悟りの境地の世界。

光《ひかり》

感じる科学

chapter1

hikari

光——その①

「光の性質」

美少女アイドルグループのコンサートで、ポニーテールをシュシュッとなびかせ歌って踊る少女たちの、しっとりと汗ばんだ首筋。

そのはちきれんばかりの若さあふれる首筋を、アイドルマニアのあなたが恍惚の表情で眺めているそのとき……。

そのとき、照明から放たれた「光の粒子」と「少女の首筋」、そして「あなたの目」の3つの要素が、**物理的にどんな動きをしているか**わかりますか？

そう、そこで行われているのは、光と首筋と眼球の三者が織りなすアクロバティックな連携プレイ。

照明から発射された光の粒は、少女の首筋に当たるとそこでプヨーンと跳ね返り、あなたの瞳をめがけて一直線に進みます。アイドルの生首筋《なまくびすじ》からやって来た光の粒子はそのままあなたの眼球に侵入し、**あなたの体と一体化。**そこで網膜内の分子と反応した光の粒が、あなたの脳に少女の首筋の映像を見せているのです。

美少女アイドルだけではありません。

最近韓国ドラマにはまっていて、韓流スターの来日イベントには欠かさず参加しているというマダムなあなた。

あなたが周囲の主婦を蹴散らしながら屋外イベント会場になだれ込み、甘いマスクの韓流スター、イビョ・ホンホン（架空の人物です）のシャツからのぞくセクシーな胸元に見とれているそのとき……。

そのとき、太陽から降り注いだ無数の光の粒はイビョ・ホンホンのたくましい胸肉《むねにく》でボイ～～ンと跳ね返り、その一部は**時速10億キロメートルの猛スピードであなたの瞳の中へゴール・イン。**ホンホンの生胸板《なまむないた》を経由した光の粒子は直接あなたの瞳に潜り込み、**あなたの体と一体化。**そこで網膜内の分子と反応した光の粒が、あなたの脳にホンホンのセクシー胸元を映し出しているのです……。

これが、あなたがなにかを「見る」ときに、あなたとなにかと光の間に起こっている出来事です。

私たちが人や物を見るとき、それは究極的にはその物自体を見ているわけではありません。私たちは、**その物体に反射した光を見ている**のです。

光というのは、〝光子《こうし》〟という小さな粒子の集まりです。

たとえばあなたがこの本を読んでいる今、そこが屋外ならば太陽から、屋内ならば照明器具から、発射されたたくさんの光子がこの本の表面で跳ね返ってあなたの目に入り、それをあなたの脳が「今自分の前には本がある」と認識しているわけです。

真っ暗闇の中では、私たちは本を読むどころかそこに本があることもわかりません。それは、光源のないところには**本に反射すべき光子がひとつもないから**です。

そこで今度は懐中電灯のスイッチを入れて本を照らすと、電球から発射された光子はしっかり本に跳ね返って私たちの目に飛び込むので、私たちは「イヤンここに本があるのね」と認識することができるのです。

というような光を取り巻く動きは実際に私たちの周りで起こっていることではありますが、だからといって、普段光子の存在などを気にしながら物を見ている人は誰もいませんよね。

でも、ある物が「存在するかどうか」というのは、「その存在を意識するかどうか」ということでもあります。

ほら、飲み会に好きなタイプの異性が1人だけいるとき、あなたはその人の存在だけは強く意識をするけど、他の者どもはもはや背景のようにしか感じないでしょう？　あなたにとって、**その他の人々は存在しないも同じでしょう？**

それならば、逆にいつもは気にとめない「光の粒」の存在を、一度きちんと意識してみてください。ほら、なんだか急に、あなたの周りがキラキラと華々しい空間になったように感じませんか？

でも……、いけませんよ。光子を意識すると言っても、やり過ぎておかしな妄想をしてはいけませんよ。

たとえば「かわいいA子ちゃんの唇を今俺が見ているということは、つまり彼女のあのみずみずしい唇に一度触れた光子がそのまま俺の目の中に入っているということだからある意味これは**A子ちゃんの唇と俺の眼球との間接キス**ということに……」とか、「さっき突風のせいでB子ちゃんのスカートがめくれてパンがチラッと見えたけど、それはつまりB子ちゃんのパンティーに一度当たって跳ね返った光子が俺の目に入っているということである意味これは（以下略）」とか、**そういういかがわしい妄想を繰り広げては絶対にいけません。たとえ日本国憲法第19条において思想の自由が保障されていようとも、そんな変態的な考えは到底許されるものではありません。**

私はあくまで真面目に光の性質を説明しているのです。アイドルだとかパンティーだとか、そういうみだらな妄想は学業の場では御法度ですよ。やめてくださいそういうことは。

ただ、正確に言いますと、光というのは粒子と波の両方の性質を持つ質量がゼロの存在で……というとややこしいですが、結論としては、プルルンと潤うC子ちゃんのアヒル口から跳ね返った光子といえども、その唇の湿り気がくっついて一緒に飛んでくるということではありません。

光が光の速さで飛べるのは、重さがないからです。

仮に光になんらかの物質、たとえば唇のカケラや湿り気などが付着して重さを持つようなことがあったら、それはもう光として私やあなたの目に飛び込んでくることはありません。その点はちょっと残念ですね。

まあしかし、これは考え方というか、イメージの問題です。C子ちゃんの残り香が実際にはまったく含まれていないとしても、あくまでイメージとして、かわいい彼女に反射した粒が飛んでくるというのはなんとなく嬉しいですよね。ましてや唇だけじゃなく彼女の潤んだ瞳や健康的なほっぺたや、はたまたむっちりとした太ももに……**なんてやましいことを考えては絶対にいけません。そんなことのために私は光の性質を説明しているわけではないんで**

す。いい加減にしてください。

でも、いったん光子をイメージしてしまうと、逆に**汚らわしい物**を目にしたときの不快な気持ちも倍増しますよね。

たとえばあなたの部屋の天井に、ぬめぬめと黒光りしたゴ○ブリが突然カサコソッと登場したとします。そのゴキ○リを見ているときも、あなたの眼球には**ゴキブリから跳ね返ってきた光子**が次から次へと侵入しているのですよ。

どうですか？　気持ち悪いでしょう。ね、だから光の存在なんて意識をしない方がいいと言ったんです。

ところで、光の進むスピードは1秒間に30万キロメートルというとてつもなく速いものですが、しかしそれでも瞬間移動というわけではありません。そうすると、たとえば今この本を読んでいるあなたの目に飛び込んでいる光は、**ほんの少し過去にこの本を出発した光**だということになります。

言い換えれば、あなたが見ているのは、**この本の過去の姿**だということになるのです。あなたが見ている恋人の姿は、少しだけ過去の恋人の姿です。あなたが飼っている猫のタマの姿は、**少しだけ過去のタマの姿**なのです。あなたは、ほんの少し前にタマに反射した光を見ているのですから。

もちろん3メートル先のタマを見る限りはそのタマはたった1億分の1秒前というわずかな過去のタマですが、もっと遠く、空の上まで目をやると少し事情は変わってきます。

たとえば、太陽から地球に光が届くにはおよそ8分かかります。つまり、私たちが見ている太陽は8分前の太陽の姿ということになります。仮に太陽がなにかの事情でいきなり四角くなるような大事件が起きたとしても、私たちがそれに気づくのはその8分後です。

童話の『北風と太陽』では地球の北風さんと太陽の太陽さんが会話をしていましたが、現実的に考えるとお互いに8分過去の相手と会話をしなければならないのですから、実際問題**話が噛み合うわけがない**ということになります。

そもそも真空の宇宙空間を声が伝わることはないですが、仮に北風と太陽がジェスチャーで意思の疎通を図ったとしても、往復16分の時間差では「旅人の服脱がせ勝負」の話はまったくまとまらず、ルール面の調整などをしているうちに**気づいたら旅人はとっくに目的地に着いていた**ということになるのではないでしょうか。

なお、太陽よりももっと遠くの星になると、オリオン座のベテルギウスなどはおおよそ500年前の姿を私たちは見ているということになります。つまり地球からベテルギウスまでは光の速さで進んでも500年かかる距離だということですが、この距離を〝500光年〟と表現します。

オリオン座を見上げるときにあなたが受け取る光は、はるか遠い星から500年以上も宇宙を旅してきた光です。そう考えると、星空が今までよりも一層美しいものに感じられませんか？

補足

実は細かく見ていくと光は〝紫外線〟や〝赤外線〟〝X線〟など様々な種類に分かれるのですが、この章では特に、目に見える〝可視光〟の部分を意識して光と呼んでいます。

光——その②
「色彩」

世の中にはいろんな人がいるもので、たまにオーラなり背後霊なり妖精なり小さいおじさんなり、他人には見えないものを「見える」と主張なさる方がいます。

でも、それは単に彼らの脳が「見えた」と誤認識しただけの話であり、本当の意味で見えているわけではありません。

前項で述べた通り、なにかを見るということは「網膜が光子を受け取る」ということです。私たち人間の目には、残念ながらそれ以外の方法で物を見る機能はついておりません。

従って、霊でも小さいおじさまでもなんでもかまいませんが、もしそこになんらかの物体が存在し、その物体が光を反射するものだとしたらそれは必ずその場にいる全員に見えなければいけません。逆にその物体が光を反射しないのであれば、**誰1人として絶対に見ることはできません。**つまり、あるグループの中で見える人だけが見えるということはありえないのです。

ただ、まれに鏡のように一方向にだけ光を反射する物も存在しますので（通常の物体は一方向でなくあらゆる方向に光を乱反射します）、もし小さいおじさまの頭がつるつるで**鏡面と同水準の反射条件**を満たすならば、一定の角度からしかおじさまが見えないということはあるかもしれません。しかしその場合も単に位置の問題であり、ある角度から見ればそこにいる全員がおじさまの姿を確認できるということになります。

にもかかわらず何人かの中で1人だけ「見える……あそこに、恨みを残して亡くなった人が……」と言い出すような〝不思議さん〟は、網膜の細胞からはまったく情報が伝わっていないのに、**慌て者の脳が勝手に「見えた！」と判断している**ということなのです。

余談ですが、昔私のアパートに彼女が遊びに来ることになっていて、外に人の気配を感じたため「インターホンを押す前に開けてびっくりさせてやろう！」と思って勢いよくドアを開けたら、そこにいたのは彼女ではなく**チラシのポスティングに来た人だった**ということがありました。バイト中の見知らぬ中年男性の眼前に**突然満面の笑顔で登場**してしまった私は実に史上空前の恥ずかしさを味わいましたが、ようは来てもいないのに私が勝手に「彼女が来た！」と判断してドアを開けたのと、不思議さんの脳が**来てもいないのに勝手に「光子が来た！」と早とちりをして虚像を作り出す**のとは、同じような勘違いなんです。後者は簡単に言うと、幻覚を見ているということなのです。

さて、そんな話はともかく、ここまでは物が「見える」「見えない」という点だけに着目しており、物の「色」については考えていませんでした。

しかし、物を見るときに色というのはとても重要な情報です。

もし私たちに色彩感覚がなかったら、物の種類を見分けることが困難になり日常生活にも支障を来すでしょう。仮に色の違いが認識できなくなったら、私たちはいったいどのようにして**スライムとスライムベスを**判別すればいいのでしょうか。国旗を見てもイタリアなのかフランスなのか区別がつきませんし、チョコボールからエンゼルが出て来ても**どっちのエンゼルなのか**もわかりません。これは困りますよね。

では、私たちの目と脳はいったいどのように物の色を判断しているのでしょうか？

ここに、心の岸辺に咲いた『赤いスイートピー』があるとします。

このスイートピーは赤いですが、なぜ私たちは赤いスイートピーが赤いとわかるのでしょう。

実は、このスイートピーが赤く見えるのは、**スイートピーの花びらが光のうち「青緑」の部分を吸収しているから**です。

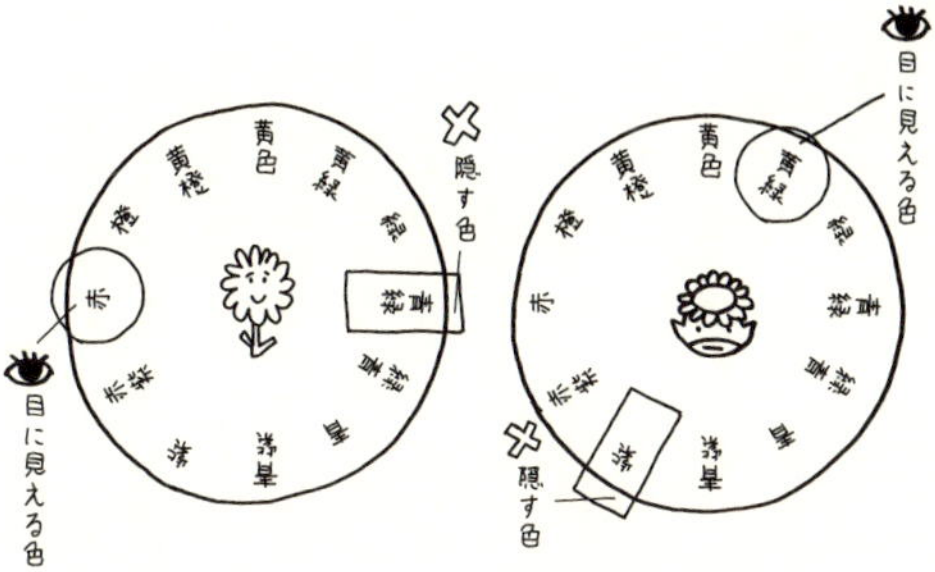

光はよく虹の七色で表されますが、正確には7色だけでなくもっと多くの色彩を含んでいます。そしてその様々な色をすべて合体させると、その光は白い色に見えます。

ところが、その様々な色のうちある部分だけを遮ると、白かった光はまったく違う色へと姿を変えます。

たとえば、光のうち青緑の色彩の部分だけを取り除くと、それ以外の光はまとまって赤く見えます。オレンジ色の部分を隠せば、残りは青い光になります。図は光の色を12種類に分けて円上に配置したものですが、その中でひとつの色を遮断した場合、私たちの目に現れるのはその反対側の色になります。

つまり、スイートピーが赤く見えているの

は、スイートピーという物体が光のうち**青緑の部分を吸収**し、青緑以外の光がスイートピーの表面に反射して私たちの目に入った結果、その光を私たちの脳が「赤い」と判断しているというわけなのです。

ようするに、**スイートピー自体に色がついているわけではないんです。**スイートピーは「赤い物」なんかではなく、ただの**「自分に当たった光のうち青緑を吸収して残りを跳ね返す物体」**なんです。それを身勝手な人間たちが「おまえらスイートピーは赤いものなんだよ」などとスイートピーの気持ちも考えずに決めつけてしまっているだけなのです。

ちなみに私たちの肌はだいたい青に近い色を吸収するためいわゆる「肌色」をしていますが、奇抜な装いを好まれる方はたまには他の色を吸ってみることもおすすめします。紫の光を吸収してみれば河童風の人になりますし、オレンジを吸い取ると今度は映画のアバター的な人になります。

ところで、どの部分の色も吸収されていない状態では、光は白く見えます。つまり、「白く見える物体」というのは、どの部分の光も吸収せずに**「すべての光を反射している物体」**ということになります。

一方、黒い物体は今度は「まったく光を反射しない」＝「すべての光を吸収する」という性質を持ちます。そう、**黒いというのは、暗いということなんです。「黒いもの」というの**

は、「見えないもの」なんです。

あなたがこの本の文字を読んでいるとき、あなたは本当はこの文字を読んでいるのではありません。**あなたが見ているのは、文字以外の白い紙の部分なのです。それをあなたの脳は「黒い文字が見えている」と思い込んでいるだけなのです。本当は文字なんて見えていないのです。**

ということは、安心してください。

前項でゴキブ○の例を出しましたが、黒い物体が光を反射しないのならば、あなたがゴ○ブリを見たとしてもそれは「ゴ○ブリに当たった光子が跳ね返ってあなたの目に入る」ということにはならないのです。つまり私たちがゴキ○リを見たと思っているときには本当はゴキ○リの姿は見えておらず、**周りの壁が見えている**ためにゴキの輪郭を認識し「ゴキブリが見えている」と思い込んでいるだけなのです。それなら、全然気持ち悪くないですよね。

ただ、日本のゴキといえばたいていは栄養満点で油ぎっしゅにテカテカと輝いているものですので、そのテカテカ白く輝いている部分に関してはむしろ**ゴキに跳ね返ったすべての光子があなたの目に突撃してくる**ということになります。たまらなく気持ち悪いですよね。

ちなみに、黒い服を着れば温かく白い服を着れば涼しく感じるのは、黒が光（可視光）をすべて吸収し、白は光を反射してしまうからです。黒い紙に虫メガネで太陽光を集めると燃えてしまうのも同じ理由ですね。

私たちは普段なに気なく色彩の中で暮らしていますが、厳密に言えばあらゆる物体には色などついていないということがわかっていただけたでしょうか？

赤いスイートピーは、実は赤いスイートピーではないんです。「心の岸辺に咲いた〜、赤い〜スイ〜トピ〜〜♪」のところは、物理的に正確を期すならば「心の岸辺に咲いた〜、**（早口で）可視光のうち青緑の部分を吸収してそれ以外は反射する（早口終わり）スイートピーー♪**」というふうに松田聖子さんに歌い変えてもらわなければいけません。

『幸せの黄色いハンカチ』は、正しくは「幸せの青紫の部分を吸収してそれ以外の光は反射するハンカチ」なのです。『赤毛のアン』は、正しく言えば「青緑の部分を吸収してそれ以外の光は反射する毛のアン」なのです。週末ヒロイン『ももいろクローバーZ』は、正しく言えば週末ヒロイン**「緑の部分を吸収してそれ以外の光は反射するクローバーZ」**なのです。

いかがでしょうか？　色彩の仕組みがわかってくると、またさらに周りの風景が今までとは違って感じられますよね。

では次の項目では、「見る」ということから一転視点を変え、光の速度そして光が持つ奇怪な特徴について見ていくことにしましょう。

補足
白い色の物体はすべての光（可視光）を反射しますが、人間の目というのは「黒に近い白」いわゆる「灰色」も、白と認識してしまいます。ですので、白に見える物はなんでもかんでも光を全部反射するというわけではありません。

光——その③
「速度の相対性と光速度不変の原理」

物事というのは、一方向からだけでなく逆の視点から眺めてみることも大切です。特に、なにか悩み事があるときなどは、逆の考え方をすることによって救われることもあります。たとえば私は、ここ最近暴飲暴食がたたってお腹がぽっこりと出てきてしまったことが悩みでした。

この老いた風神のようなみっともない体型をなんとかしたいけれど、でも我《われ》の無尽蔵ともいえる食い意地の暴走をどうしても制御することができない。いつから私はこのような荒くれる食欲マシーンに成り下がってしまったのだろうか？　憎い……、この胃袋が憎いっ(涙)。

と、私は自分自身を憎悪しながら失意の毎日を送っていました。

しかしある日、ふとその悩みを逆の視点から見てみると、あら不思議いとも簡単に解決してしまうことに気づいたのです。

私はこう考えました。いいですか、私の体は、決してお腹が出てきたんじゃありません。お腹が膨らんだのではなく、**お腹以外の部分がしぼんだのです。**

「お腹を引っ込めなきゃ」と考えるから、暴飲暴食に罪悪感を持ってしまうのです。逆転の発想です。お腹を引っ込めるのではなく、**お腹以外の部分も全部同じように膨らませてしまえば、お腹が出ていることなんて気にならなくなるのです。**それならば、食事に気をつける必要などないじゃないですか。むしろもっと食べて飲んで、**お腹以外もまんべんなく出してバランスの良い体型を作るのです。**

さて、どうでしょう？「お腹が出てきた」という悩みについて、このように発想を逆転させても**なんの解決にもならないということがわかっていただけたでしょうか。**

そりゃそうです。「お腹が出ている」に対しての「お腹以外が引っ込んでいる」という発想は、「逆もまた真なり」ということにはまったくなりません。結局、デブはデブなんです。そんなことで私の卑しいコレステロールが減るわけではありません。

ところが、出っ腹の例とは違い、一見「逆の発想なんて成り立たないだろう」と思いきや実は反対から考えてもまったく同じことだった、という意外なものがあるのです。それが**「速度」**です。

簡単な例を出してみましょう。

たとえば、東京スカイツリーの前を、タケコプターをつけたのび太くんが時速80キロメートルで通り過ぎたとします。

このとき、「東京スカイツリーの前をのび太くんが時速80キロメートルで通り過ぎた」というのは、反対に**「のび太くんの前を東京スカイツリーが時速80キロメートルで通り過ぎた」**と言い換えても実は正しい表現になるのです。

たしかに、東京スカイツリーは動くものではありませんので、これはおかしなことに感じるかもしれません。

しかし、速度というのは「相対的なもの」なのです。

相対的なものとはなにかと言うと、「他のものと比べないと表すことができない事柄」です。

たとえば「大きさ」や「広さ」は、「○○と比べて大きい」「○○よりは広い」というように、比較対象を持ち出さなければうまく規模を伝えることができない相対的な言葉です。

「エッチさ」というのもまた相対的なものです。私を含め、これをお読みの男性のみなさんは、子どものころ『ハレンチ学園』や『いちご１００％』『うる星やつら』などのコミックを、「なんてエッチなマンガなんだろうウフへ～っ（涎《ヨダレ》）」と血湧き肉躍らせながら読んでいたかと思います。

でも、自分が成人男子となって**本格的な18禁メディアの世界**に足を踏み入れた今、もはやラムちゃんの虎皮水着など**笑止千万**ですよね？　今の私たちには、ハレンチなラムちゃんやエスパー魔美に興奮していたあのころの自分を**遠い目をして微笑みながら思い出す心の余裕があります。**

つまり、エッチさというのも「アンパンマンよりはエッチ」「エマニュエル夫人よりはエッチじゃない」というように、他のものと比べなければ測ることができない事柄で、相対的なものだと言えるのです。

以上のとても上品でわかりやすいたとえで「相対的」について理解いただけたと思いますが、速度の場合は単に「速い」「遅い」というだけではなく、時速〇キロメートルというその**時速すら相対的**なのです。

たしかに、私たちから見たら東京スカイツリーはまったく動かない、時速0キロメートルで静止している建造物です。しかし、これを宇宙的視点で見た場合、話はまったく違ってくるのです。

地球は自転（その場で回転）と公転（太陽の周りを回る）をしているというのは、みなさんもご存知ですよね。

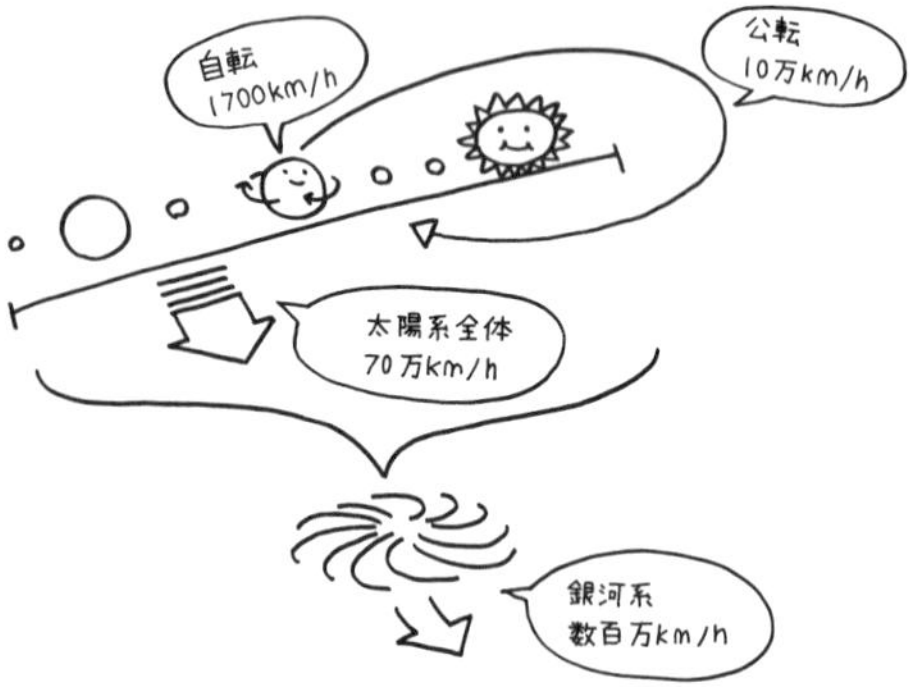

私たち自身には回転している自覚がありませんが、実はなかなかとんでもない速さで地球は動いています。まず自転のスピードは赤道付近で時速約１７００キロメートル、そして公転になるとなんと時速約10万キロメートルにもなります。

しかもそれだけではありません。地球を含めた太陽系全体も、今この瞬間銀河の中を**時速約70万キロメートル**で動いているのです。さらにはこの銀河系自体も宇宙空間をそれ以上の速度、**時速数百万キロメートル**で移動し続けています。

つまり、私たちの目から見ればひとところに佇《たたず》んでいるように見える東京スカイツリーも、まさに今も時速数百万キロメートル以上のスピードで宇宙を漂っているということになるのです。

そこまで含めて考えれば、のび太くんと東京スカイツリーを「どちらかは動いているけどどちらかは止まっている」なんて決めつけることはできませんよね。

ですから、厳密に言えばあくまでのび太くんの速度は「東京スカイツリーに対して（あるいは地面に対して）時速80キロメートル」という相対的な表し方しかできないのです。となれば、「東京スカイツリーはのび太くんに対して時速80キロメートルで動いている」という表現もまた正しいのです。

結局広い視野で見れば、この宇宙に「静止しているもの」などなにひとつありません。田舎の家の縁側で置物のようにじっと動かないおばあちゃんも、隣の銀河から見れば**宇宙空間を時速数百万キロメートルでかっ飛んでいるおばあちゃん**ということになるのです。どうですか？　おばあちゃんのことを少しは見直したでしょう？

庭先にいるタマだってそうです。締まりなく寝ているだけのように見えて、アレは**宇宙を時速数百万キロメートルで突き進むタマ**なのです。

あなただって同じですよ。あなたはこの本を読みながら、たった1秒間で宇宙の中を500キロメートル以上も移動しているのです。

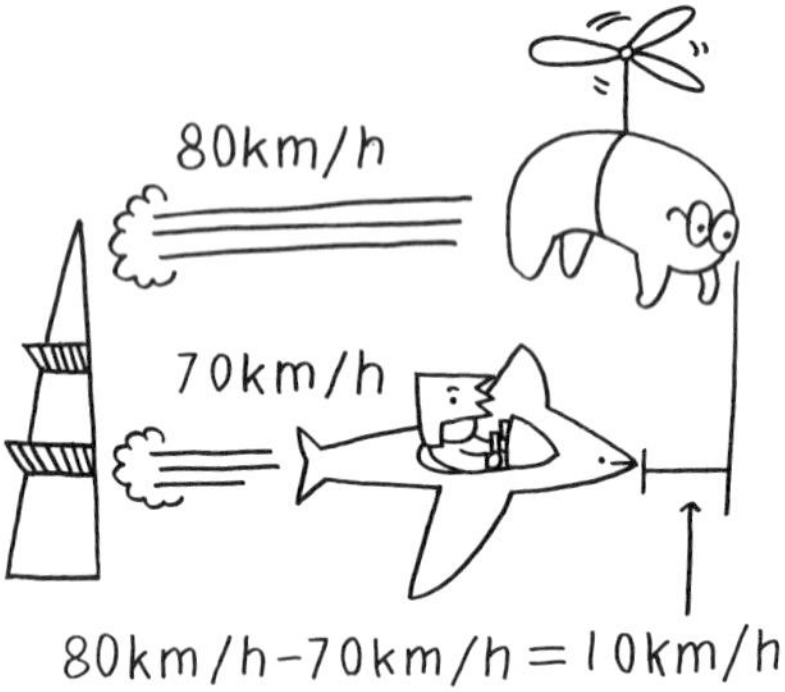

さて、このように速度というのは基本的に相対的なものであるわけですが、ただし実はその中にひとつだけ「相対的ではない速度」という例外があります。

それが、光の速さです。

この世のあらゆる速度の中で、光だけは相対的ではないのです。

引き続き空を飛ぶのび太くんについて考えてみますが、仮に時速80キロメートルで進むのび太くんを、スネ夫くんの操縦するラジコン飛行機が時速70キロメートルで追いかけたとします。

すると、今ののび太くんの速度は「スカイツリーに対して時速80キロメートル」ですが、同時に「ラジコン飛行機に対しては時速10キロメートル」ということになります。80−70

光は常に秒速30万km速い
80km/hののび太から見ても
70km/hのスネ夫から見ても
0km/hのスカイツリーから見ても

光は常に秒速30万km速い

の単純な計算ですね。そしてこれは「のび太くんはラジコン飛行機よりも時速10キロメートル分だけ速く進んでいる」と言い換えることができます。

ところが、光の速度はそうはなりません。光の速さはおよそ秒速30万キロメートル（光速は一般的には秒速で表します）ですが、この光のスピードは、**なんに対しても一定**なのです。

光はいつでものび太くんよりも秒速30万キロメートル分速いし、スネ夫くんのラジコンよりも秒速30万キロメートル分速いし、東京スカイツリーよりも秒速30万キロメートル分速いのです。「光は○○よりも秒速30万キロメートル分だけ速い」という表現の、**○○がどんなものであろうとその差の「秒速30万キ**

ロメートル」は変わらないのです。光は、どんなスピードのものと比べてもそのものより常に秒速30万キロメートル分速く進んでいるのです。

こういうことは、たとえば「地域最安値」を掲げる家電量販店の価格でなら、同じことがあり得るかもしれません。「他店より1円でも高い場合はお申し付けください！」と激安宣言する彼らは常に競合店の値段を気にしていますので、最新デジカメの価格が「他のどの店の商品よりも常に10円安い」というような状態にあることは考えられます。

しかし、当然ですがその場合の価格は、他店に合わせて変動するものです。他のお店が値段を下げれば、こちらの店でも同じだけ値引きをしなければいけません。そうでなければ、「他店よりいつでも10円安い」という方針は守れませんからね。

でもそれに比べて、光の速さは**一切変動しない**のです。光は、他店のチラシを持参しなくとも**自動的に必ずどんなものよりも秒速30万キロメートル分速い**のに、**光自身のスピードは常に変わらずいつでも秒速30万キロメートル**なんです。

仮にのび太くんが光速の半分の秒速15万キロメートルで光を追いかけたとしても、やはりのび太くんは「光は自分よりも秒速30万キロメートル分速い」と感じます。でも、それでも光自体の速度は、15万＋30万の秒速45万キロメートルにはならず、秒速30万キロメートルのままなのです。

光の世界では、なぜか1＋1＝2というような普通の計算が成り立たないのです。

これはとても不気味なことに感じますが、しかし事実、光の速さは足しても引いても誰が観測してもいつでも秒速30万キロメートル（ただし水中などではまた少し変わってきますが）だということが、19世紀から20世紀にかけての数々の実験で証明されています。そして、この光の速度に関する性質のことを〝光速度不変の原理〟と呼ぶのです。

それにしても、どうしてこんなことが起こるのでしょうか？

実は……、この宇宙では、光速度が変わらない代わりに、**光速度を変えないように時間と空間が変形している**のです。

それでは次の章では、いよいよ現実とSF映画の区別がつかなくなるような、怪奇面妖な〝相対性理論〟の世界をご紹介することにしましょう。

chapter2

特殊相対性理論《とくしゅそうたいせいりろん》

tokusyu soutaisei-riron

特殊相対性理論――その①
「時間の遅れ」

あなたは、「自分に流れる時間と他人に流れる時間はスピードが違う」ということを認識しているでしょうか?

信じられないかもしれませんが、**「1時間」という時間の流れ方が、あなたと他の人では違うのです。**

うーんたしかに、高校時代の物理の授業は1分が1時間かのような無間《むげん》地獄に感じたけど、今ではキャバクラでおねえさんと話していて「そろそろ入店から30分くらい経ったかな?」と思い時計を見ると**なぜか4時間も経っていた**なんてこともあり、これはやはり俺の周りの時空が歪《ゆが》んでいるに違いない、と感じた経験のある方もいるかもしれません。

そう、時間の流れの違いというのは、**まったくそういうことではありません。**今の例はただの気のせいですのでご注意ください。

みなさん、もし近くに窓があったら、そこから外の景色を眺めてみてください。

そこには様々な「動くもの」が見えるのではないでしょうか？　国道を走る自動車に、空に浮かぶジェット機、線路を行く急行電車に近所を散歩するタマ。お住まいの地域によっては、犬ぞりや人力車や裸足でどら猫を追いかけるサザエさんの姿も見られることでしょう。

さて、いいことを教えてあげます。自動車にジェット機に急行電車……、それぞれの乗り物に乗る人々、そして散歩中のタマの時間すらも、**あなたの時間とは進み方が違う**のです。

実はあなたは、日常生活の中で知らず知らずのうちにタイムトラベルまでをも行っているのです。時間旅行というのはなにも物語の中だけの話ではありません。すでに現実世界のあちこちで、わずかなタイムトラベルは頻繁に実行されているのです。

それを明らかにしたのが、20世紀のはじめにアインシュタインが提唱した**相対性理論**です。

前章の最後で〝光速度不変の原理〟について紹介しましたが、1＋1＝2という当たり前の計算が成り立たないこの光の性質は、それまでガリレオやニュートンが積み重ねてきた物理学の法則をまるっきり無視するものでした。

たしかに、物理的なものではない、たとえば「チームワーク」のような抽象的な事柄ならば、1＋1が必ずしも2にはならないという状況はあります。新日本プロレス所属のプロレスラー・小島聡さんは、かつてタッグパートナーである天山広吉選手とのチームワークについて、「1+1は2じゃないぞ。俺たちは1+1で200だ。**10倍だぞ10倍！**」と記者会見で叫んでいました。**これは実にいろいろな意味で間違っていますね。**

このように精神的なことではいろいろと例外はありますが、精神的でも抽象的でもない、物理的な存在である光の世界で1+1が2にならないというのは実に不気味です。

しかし、数多くの研究者の中でついにその不気味な光速の謎の解明に至ったのが、アインシュタインでした。

彼のたどり着いた結論というのは、「この世界は**光速度が常に一定になるように時間と空間が歪むようにできている**」という衝撃的なものでした。

相対性理論は〝特殊相対性理論〟と〝一般相対性理論〟に分かれていますが、まずこの章では特殊相対性理論について取り上げたいと思います。

さて、特殊相対性理論で語られる時間と空間すなわち時空の性質、まずそのひとつ目は〝時間の遅れ〟についてです。

飛行機や新幹線の中での時間の進み方というのは、気のせいでなく物理的に、わずかに外の空間よりも遅くなります。

動いている物体の上や中では、時間が遅れるのです。

この遅れは、物体の速度が速ければ速いほど顕著になります。たとえば、**光速の90パーセントのスピードが出るロケットの中では、地球上と比べて時間の進む早さは4割になります。**ロケットの中で流れる時間が、半分以下にまで遅くなってしまうのです。

もちろん、ロケットの外（ロケットに対して静止している人）からは、移動中のロケット内部の人や機械の動きはゆっくりに見えます。ロケットの搭乗員が早口で「全速前進！」と叫んだとしても、外の人間から見ると「ぜ〜〜ん〜〜そ〜〜く〜〜ぜ〜〜ん〜〜し〜〜〜ん〜〜〜〜」と、まるで**口調の穏やかな戦場カメラマンさん**にでもなったかのように見えてしまいます（実際に声が聞こえるわけではありませんが）。

理論だけの話ではなくこの現象は現実的に起こっているもので、実際に秒速10キロメートルほどの猛スピードで宇宙を飛ぶ人工衛星の中では、地上と比べて時間の進みが遅いため搭載している時計が毎日ずれていきます。

なお、仮に光速の90パーセントのスピードで進むロケットで4年間宇宙旅行をして帰ってくると、地球上では10年も時間が経っているということになります。これはある意味では、「6年後の未来にタイムトラベルをした」ということになりますよね。

これがもっと速いスピードになれば時の流れはますます遅くなり、光速の99・9パーセントの速度が出るロケットでは、地球と比べて時間の進む早さは20分の1ほどになります。

今の地球上にはそこまでの速度が出せる乗り物は存在しませんが、しかしもしそんな光速に迫るロケットを発明することができたらと考えると、夢は広がります。

この相対性理論をうまく活用すれば、常識的には解決不可能な人生のお悩みも無事に乗り切ることができるかもしれません。

たとえば、婚活中のアラフォー女性の方で、「職場の年下男子を仕留めようと狙っているのだけど、彼は彼で年下女性がタイプみたいで私なんて相手にされないの(涙)」と苦悩している方がいたとします。

そんなときは、一度職場に休職願を提出し、日曜大工で光速の99・9パーセントのスピードが出るロケットを自作して1年ほど宇宙旅行に行くと良いでしょう。そのまま地球に帰還すればあら不思議、**その1年の間に意中の彼は20歳も年を取っているのです。**これでめでたく、あなたも彼にとっての「年下の女の子」になることができますね。

もちろん、たいていの場合その20年の間に彼はとっくに結婚してあなたの入る隙などない幸せな家庭を築いているでしょうけど、そうしたらまた改めて2年くらい傷心の宇宙旅行に出かければいいんです。再び戻ったころには彼は後期高齢者になっているので、その姿を見ればさすがにあなたの恋心も冷めるはず。そこで今度はまた別のフレッシュな新入社員に狙いを定めればいいのです。

ただ、光速に近いスピードで3年も旅をした結果あなたは**会社を60年間休職していた人**になるので、無事に復職を認めてもらえるかどうかは難しいところかもしれません。そもそも、その時点で地球上にあなたを覚えている人は誰もいないと思われます。

特殊相対性理論による時間の遅れは、光速に近いロケットだけでなく、一定のスピードで動くものならばなんにでも適用されます。

海外旅行で時速1000キロメートルのジェット機に5時間乗っていれば、その間に地上の人々と比べて時間の進み方は1億分の1秒ほど遅くなります。時速200キロメートルの新幹線なら、東京大阪間3時間で100億分の2秒ほど外の世界と時間がずれます。

言い換えれば、飛行機や新幹線に乗って移動するとき、厳密にはあなたは**ごくわずかながら未来の世界に到着する**ことになるのです。

時間というのは誰にとっても同じものではありません。動いているものはすべてそのスピードに応じて時の経過が遅くなるのです。極端に言うと、たとえば最近少々おボケ気味で徘徊をするようになってしまったおじいさんは、**徘徊している分だけ時の流れが遅くなり年を取りにくくなるのです。**

もしあなたの周りに海外を飛び回っているエリートビジネスマンさんがいたら、その姿をよく思い出してみてください。彼らの外見は、実際の年齢よりもずっと若く見えませんか？　ひょっとしたら、そこにも相対性理論の影響が出ているのかもしれません。渡航と帰国のためジェット機での高速移動を繰り返している彼らは、体内に流れる時間が我々と比べて遅くなっているのです。

かつてはロサンゼルスやニューヨークに住居をかまえ、今でもことあるごとに日米を往復しているアントニオ猪木さんが、もう70歳を過ぎたというのにあれだけ元気があってなんでもできるのは、まさに特殊相対性理論の影響によるところでありましょう。サザエさんが放送50周年に迫ってなおあれだけ若いのも、毎週毎週お魚くわえたどら猫を追いかけて時間を遅らせているおかげかもしれません。

よく考えてみると、「動くものは時間が遅れる」というこの相対性理論の考え方は、人としての姿勢にも表れるのではないかと思うのです。常にチャレンジを忘れず、新しいことのために動き回っている人はいつまでも若くいられるものです。逆に言えば、**同じ環境でぬくぬくとしている人は老けるのが早い**ということになります。

特に、今現在ニートや引きこもりになってしまっている方たちには、ぜひこのことを思い出して、相対性理論を再始動に向けたモチベーションにしてほしいと願います。

補足

エリートビジネスマンさん及びアントニオ猪木さん、サザエさんはたしかに若く見えますが、本文中にもあるように実際の時間の遅れは1回の飛行機の移動でも1億分の1秒程度です。となると、彼らが若いのには相対性理論以外の別の理由があるのかもしれませんね。

特殊相対性理論――その②
「長さの縮みと質量の変化」

特殊相対性理論が明らかにした事実は、時間の遅れについてだけではありません。

前述のように、動いている物体は、時間が遅れます。

そして同時に、動いている物体は、**長さが縮みます。**

たとえば、全長１００メートルの新幹線があるとします。もしこの新幹線が光速の80パーセントのスピードでの走行を実現すると、先頭から最後尾までの長さは60メートルに縮んで見えます。光速の90パーセントなら、半分以下の44メートルになります。光速の99パーセントの速さでは14メートルになり、さらに光速の99・9パーセントでは**全長４・４メートル**になります。

とはいえ、新幹線の中にいる人にとってもどんどん車内が窮屈になるかといえば、そうではありません。全長4メートルともなれば売り子さんの仕事はかなり楽になりそうですが、

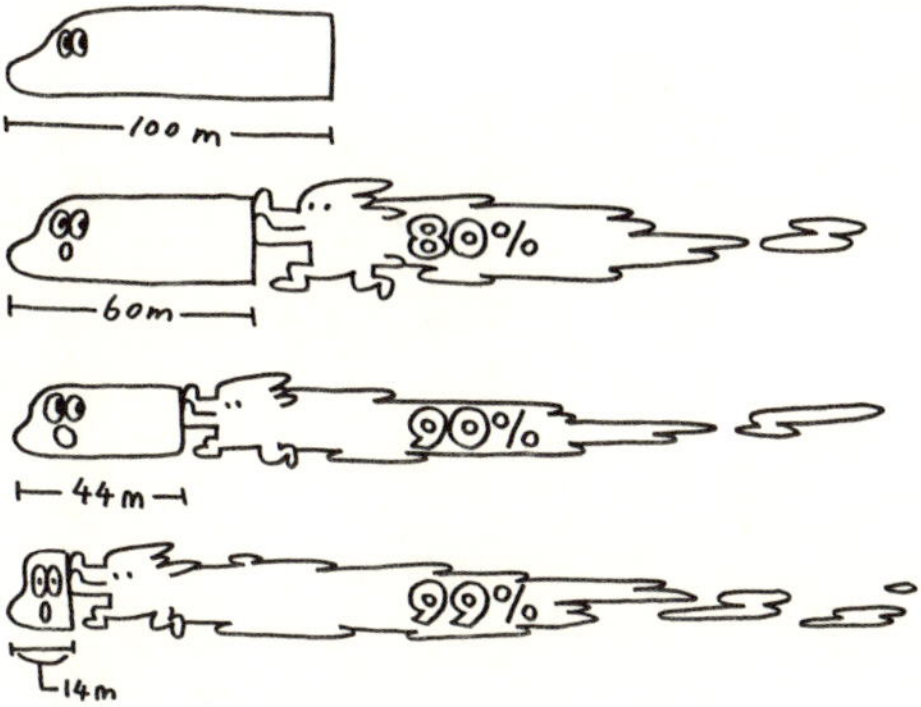

しかし、**あくまで新幹線の中にいる人にとっては、元のままの長さなのです。**ですので乗客はなんら不自由せず売り子さんの仕事も減りませんが、だからといって外から見たらやっぱり新幹線は極端に縮んでいるのです。

これは目の錯覚ということではありません。このとき新幹線は、正真正銘本当に長さが縮んでいます。ただ、高速移動中は新幹線の中の座席や窓や通路や弁当やビールや乗客や売り子さんですら**すべて等しく同じ縮尺で縮小している**ため、中の人々は自分たちが縮んでいることに気づかないのです。

なお、そのときに縮むのは「進行方向に対しての長さ」となります。進行方向に対して垂直な方向の寸法は変わりません。

たとえば、チーターがもう少し素早く進化

して光速の99パーセントの速度で走れるようになった場合、その走行中の姿は、背の高さや胴回りはそのままで頭から尻尾《しっぽ》までの体長のみが10分の1に縮みます。長さとともに、肉食獣としての風格もだいぶ失われることになりますね。

また、チーターが縮んだとなるとそこで「ネコ科にできることが俺たちにできないわけがない！」と奮起するのがダックスフンドです。

これは彼らにとってチャンスなのです。有史以来体型がおかしいおかしいとからかわれ続けてきたダックスたちも、前人未踏のトレーニングを積んで光速の80パーセントの走行をマスターすれば、体の長さは6割まで縮みどこへ出ても恥ずかしくない**犬らしいバランス体型**を手に入れることができるのです。今までは夜道を散歩しているとその怪しい体長からよく職務質問をされ、犬だと名乗っても**「そんな胴の長い犬がいるか！」**とお巡りさんにすら疑いの目を向けられる日々でしたが、これから亜光速散歩中は堂々と「僕は犬です！」と主張することができるのです（亜光速＝光速に近い速度）。

ちなみに光速の80パーセントというのは時速8億キロメートルほどです。一見不可能な数字に感じられるかもしれませんが、でもこの世に存在しうるスピードの限界は光速（時速約10億キロメートル）ですから、それよりも遅い時速8億キロメートルというのは決して物理的に不可能な数字ではないのです。

ただひとつ注意しなければならないのは、理想の体型をキープするためには、人前にいるときは常に光速の80パーセントで動き続けなければいけないということです。あくまで縮んでいるのは亜光速移動中のみですから、**疲れて止まってしまうとその瞬間バヨヨーンと元の体長に戻ります。**

ダックスフンドを見て「あ、ダックスフンドだ」と我々が納得するのはあくまで目の前に現れた最初からダックスフンドだった場合であって、「なんか普通の犬が走っているなあ」と思った次の瞬間いきなり胴がバヨヨーーンと伸びてダックスフンドになったら、私たちは**「なんじゃこりゃ〜〜〜〜っ!!!」**とまるで**妖怪にでも出会ったかのように驚愕**するに違いありません。

ダックスフンドは「普通のダックスフンド」だと思えばこそなんてことはないですが、**「胴が長いビーグル犬」だと思うとあまりにも異様な姿に感じるものです。**

そういえば、メジャーリーグで活躍中のイチロー選手はなんだか他の大リーガーと比べると随分スリムな体型に感じられますが、それは**彼のプレイ中の走行スピードがあまりにも速過ぎるから**かもしれません。特に走塁中の速度などは亜光速を達成しており、そのせいで体型が進行方向に向かって（つまり体の厚みが）縮み、痩せているように見えてしまっているのではないでしょうか。

きっとイチロー選手は、流れる時間も我々一般庶民とは違うものなのでしょう。

さて、物体は移動速度が速くなればなるほど時間が遅れ長さが縮みますが、さらにもうひとつ加えて、高速移動中の物体は**重くなります。**厳密に言うと「質量が増加して動かしにくくなる」のですが、大まかには重くなるということと同じです。

たとえば走塁中のイチロー選手がずんずん加速して光速に近づくと、体重もぐっと増えてあっという間に1トンから10トンへ、さらに光速に迫れば迫るほどもっともっとひたすら無限に重くなっていきます。

1977年に起きたダッカ日航機ハイジャック事件では、当時の首相である福田赳夫《たけお》さんが「人命は地球より重い」と言いましたが、体重約70キログラムのイチロー選手が光速の99・9999999999999999999999999999999999999999999パーセントで走塁をすれば質量は14秭《じょ》キログラムとなり、本当に地球の2倍程度まで重くなることになります。ちなみに、「秭《じょ》」というのは「億」の次の「兆」の次の「京《けい》」の次の「垓《がい》」のまたその次の単位です。14秭《じょ》キログラムは14兆キログラムの1兆倍ということになります。

光速というのはこの宇宙の最高速度であり、あらゆる物体の速度は光速を超えることができないのですが、「動く物体は重くなる」というのがその理由です。

物体が光のスピードを目指して加速を続けても、光速間近では重さが急激に増えていくためにもはやそれ以上は速くなれないのです。これは「加速をするためのエネルギー」が勝手に質量に変換されてしまうからなのですが、そのあたりの詳細はまた後の項目で取り上げることにします。


なお、相対性理論による時間の遅れについては高速で移動する人工衛星をはじめいくつかのシーンで確認されており、質量の増加についても、〝陽子〟という小さな粒子を加速させる実験で実際に起こることが証明されています。つまり、決して空想やファンタジーではない現実世界において、動く物体は速ければ速いほど時間がぐっと遅れ、長さがびゅっと縮み、重さがガチョンと増えるのです。

もちろんその現象が顕著に表れるのは光速に近い速度のときですが、ごく微小ではあれ日常生活においても変化は起こっています。**散歩中のタマは、静止時と比べて時間が遅れて長さが縮んで質量が増えているのです。**

私たち自身にも、同じ変化は起きています。電車に乗っているとき、私たちはごくわずかながら時間が遅れ、進行方向に対して縮み、重くなっています。今、電車の中でこの本を読んでいるあなた。**あなたは今、窓の外に見える人と比べて遅くなって重くなって縮んでいるのですよ。**どうですか。実感はありますか？

さて、実はこの「時間の遅れ」と「長さの縮み」は（「質量の変化」はのぞきます）、速度と同じく「相対的なもの」なのですが、次の項目でその点について詳しく見ていくことにしましょう。

補足

「高速移動中の物体は質量が増加する」と述べましたが、その際に増加する質量のことは〝相対論的質量〟といい、これは本来の意味の質量（静止質量）とはやや性質が異なるものです。ただしこの本では理解の容易さを優先し、相対論的質量を通常の質量と同じ意味で使用しています。

特殊相対性理論──その③
「時間と長さの相対性」

物体は速く動くほど時間がゆっくりと流れ、長さは縮みます。

しかし、ちょっと待ってください。速さというのは、そもそも相対的にしか測ることができないものではなかったでしょうか？

そうなのです。AがBから見て時速１００キロメートルで進んでいるならば、BはAから見て時速１００キロメートルで進んでいることになります。イチロー選手が内野安打を打ち光速の90パーセントのスピードで１塁に走塁した場合、それは「イチロー選手がファーストベースの上を時速9億キロメートルで駆け抜けた」ということですが、しかし同時に**「ファーストベースがイチロー選手の下を時速9億キロメートルで駆け抜けた」**ということでもあるのです。

じゃあ、このとき「速い」のはどちらでしょうか？　イチロー選手でしょうか？　ファー

イチローがベースの上を駆け抜けた

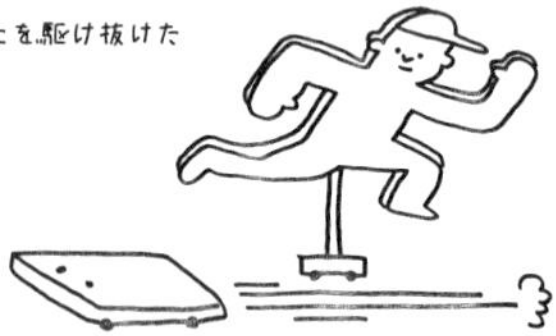

イチローの下をベースが駆け抜けた

ストベースでしょうか？　時間が遅れて長さが縮むのは、どちらの方なのでしょうか??

　それでは発表します。

速いのは、**両方とも**なんです。時間の遅れについても、**両方とも同時に当てはまる**のです。

　ファーストベースではなく、理解しやすいように人対人で考えてみましょう。

　前項と同じく光速近くの速度が出るハイパー新幹線があるとして、その新幹線に乗っている**興毅くん**と、新幹線が通過する駅のホームにいる**大毅くん**について見てみます。

　2人の職業はボクサーなので、新幹線の中の興毅くんも駅のホームの大毅くんも、ストイックにその場でシャドーボクシングをしています。なお、どっちがどっちかわからなく

2人ともお互いに
「おまえのパンチなど止まって見えるわ!!」

なりそうな場合は、新幹線は先頭が丸っこい↓興毅くんの頭も丸っこい↓だから新幹線に乗っているのは興毅くんの方、と覚えてください（2人はあくまで架空の人物です）。

仮に彼らがお互いの姿を見ることができるとして、新幹線が通過する瞬間にホームにいる大毅くんが興毅くんを見ると、超高速移動中の興毅くんが繰り出すパンチは非常にスローモーションに感じられます。大毅くんにすれば「アニキ、腕が鈍ったんちゃう!?」てな具合です。

ところが、今度は反対に興毅くんから大毅くんを見た場合。

興毅くんにしてみれば「大毅くんが（駅のホームごと）自分の横を超高速で通過する」わけなので、**大毅くんのパンチこそがゆっく**

りに見えます。興毅くんにすれば、「大毅、おまえ腕が鈍ったたんちゃうんか！」てな具合です。新幹線のスピードが光速の99・999パーセントだとすれば時間の進み方はおよそ200分の1になりますので、2人とも**お互いに「おまえのパンチなど止まって見えるわ‼」と感じることになります。**

興毅くんの時間の進み方は大毅くんより遅いので、大毅くんが3時間を過ごすうちに興毅くんの時計は1分しか進みません。ただし一方で、**大毅くんの時間の進み方は興毅くんより遅いので、興毅くんが3時間を過ごすうちに大毅くんの時計は1分しか進みません。**このことが、同時に起こるのです。

速さと同じく時間もまた相対的なもので、2人がすれ違うときには、2人が2人とも相手の動きを遅く感じます。どちらか片方だけが正しくてどちらか片方は思い込みだということはありません。**両方ともが正しいのです。**

2人の間には絶大な速度差があり、現実的にお互いの時計をすぐ隣に並べて照らし合わせることはできません。だから「お互いに相手の時間の方が遅れている」ということで問題はないのです。

このようなことは非常に矛盾していると思われるかもしれませんが、そもそも世の中の出来事というのは、大方がこのように矛盾を含んだ相対的なものではないでしょうか？

たとえば、結婚10年目にしてもう戻らないあの新婚の日々、今ではケンカが絶えなくなってしまった冷めたご夫婦がいらっしゃるとします。

そのご夫婦の奥様が、「あの人は変わってしまったわ。昔はいつでも私のことを一番に考えてくれる心優しい人だったのに……。いつからあんな自分本位で最低な男になってしまったのよ！　私はずっとあのころのままなのに!!」と思っているときに、しかし一方ご主人の方は「あいつは変わっちまったよ。昔はいつでも俺のことを一番に考えてくれる心優しいやつだったのに……。いつからあんな自分本位で最低な女になっちまったんだよ！　俺はずっとあのころのままなのに!!」と考えているということは十分にあり得ます。

これは、かなり矛盾していますよね。でも、**矛盾していてもお互いに正しいのです。「お互いに相手の方が遅れていると感じる」ということと、「お互いに相手の方が変わってしまったと感じる」ということはおおいに同じようなことではありませんか。**

ただ、ひとつ補足しておきますが、もし興毅くんの乗るハイパー新幹線が一度通り過ぎた後でUターンし引き返してホームに到着（停止）した場合は、そこで2人の時計を並べてみると興毅くんの時計の方が遅れていることになります。

これは、「Uターンする」「ホームに到着する」という「加速」に関わる行為が、相対的ではなく絶対的に、つまり片方だけ時間を遅らせる原因になるからですが、この現象については一般相対性理論が関係してきますので、詳しくは後《のち》の章でということにさせてください。しかしそんなことが起きるために、「亜光速のロケットに1年間乗って帰ってくると地球では20年も時が過ぎている」というような片方だけの遅れがあり得るわけです。

さて、時間の遅れは相対的、ようするにお互いさまのことですが、「高速移動による長さの縮み」もまた相対的な事柄です。

すなわち、片方が光に近いスピードで動いているときには、時間と同じく**「お互いに相手の方が縮んで見える」**ということになります。

亜光速のハイパー新幹線が東海地方を疾走しているとき、駅のホームや線路の外にいる人からすれば、新幹線の長さは縮んでいます。

しかし、新幹線の乗客からは、**窓の外の景色すべてがギュッと縮んでいるように見える**のです。リムジンは軽自動車と化し、お散歩中の犬はみな胴が縮み、チャウチャウなどは**ただの大きな毛玉**となり（たまにまともな犬がいるなと思ったらそれはダックスフンドです）、人間はマッチ棒のように細くなり、キオスクも中の店員さんごとペラペラです。線路の長さも短くなって、東京から浜松まであっという間に到着します。

このように、速度も時間もお互いさまならば、同じように**空間の縮みもお互いさま**ということになるのです（「質量の増加」だけは加速が関わってくるため相対的ではありません）。

ちなみに「人間はマッチ棒のように細くなる」と言いましたが、私の友人には体があまりに細すぎるため今の時点で「マッチ棒」というあだ名がついている男性がいます。普通の人がマッチ棒になるほど空間が縮んでいるときに、**いったい彼はどうなってしまうのでしょうか？**　薄くなる限界を超えて、空間から消えてしまうのではないかと心配になります。


それにしても、速さだけでなく時間や空間までが実は相対的であり、人それぞれに違うものだったということにはみなさんも驚かれたのではないでしょうか。

でも、やはり世の中すべてなんでもかんでも相対的というわけではありません。

たとえば……、「幸せ」というのは絶対的なことではありませんか？　人と比べてどうだこうだと、相対的に自分の幸せを推し量るのは、あまり意味のないことではないでしょうか。

だって、**たいていの人は自分よりも幸せそうに見えるじゃないですか。**

だから、今が幸せかどうかなんて、周りを見ず自分だけの基準で決めればいいのです。せめて、比べるなら他人ではなく、自分の過去と比べましょう。昔よりも毎日が楽しく、今の自分が満足しているならば人がどうだろうとそれで幸せなんです。

それでも、もしも「昔よりも生きるのが辛《つら》いし絶対的に自分は不幸なんだ！」と感じている方がいたら、ではそのときはどうすべきでしょうか？

……………そのあたりの「幸せ」の話は科学ではなく哲学の課題となりますので、もし興味がおありでしたらさくら剛著『(推定3000歳の)ゾンビの哲学に救われた僕(底辺)は、クソッタレな世界をもう一度、生きることにした。』をお読みいただければと思います。

それでは、次は「世界一有名な式」とも評される、相対性理論の〝$E=mc^2$〟という方程式について解説することにしましょう。

特殊相対性理論――その④
「質量とエネルギーの関係　$E=mc^2$」

これから、みなさんがその体に秘めるウルトラ莫大なエネルギーについてお話しします。

相対性理論は、あなたの肉体がどんな近代兵器をも凌《しの》ぐすさまじい破壊力を持っているかということすら明らかにしてしまったのです。どうぞわきまえてください。あなたのボディは、米海軍の原子力航空母艦ジョージ・ワシントンをも凌駕する最強兵器なのです。決して解放してはなりません！　その悪魔のような力を!!

2つ前の項目で、「物体は光速に近づけば近づくほど重くなる」と説明しましたね。では、なぜ重くなるのか?というとそれは、**エネルギーが質量に変わるから**です。

物を動かすには、力がいりますね。その力がエネルギーだと思ってください。質量というのはだいたい重さと同じものだと思ってください。質量には「動かしにくさ」を表す〝慣性質量〟と、「重力の影響」を表す〝重力質量〟の2つの種類がありますが、両方ひっくるめ

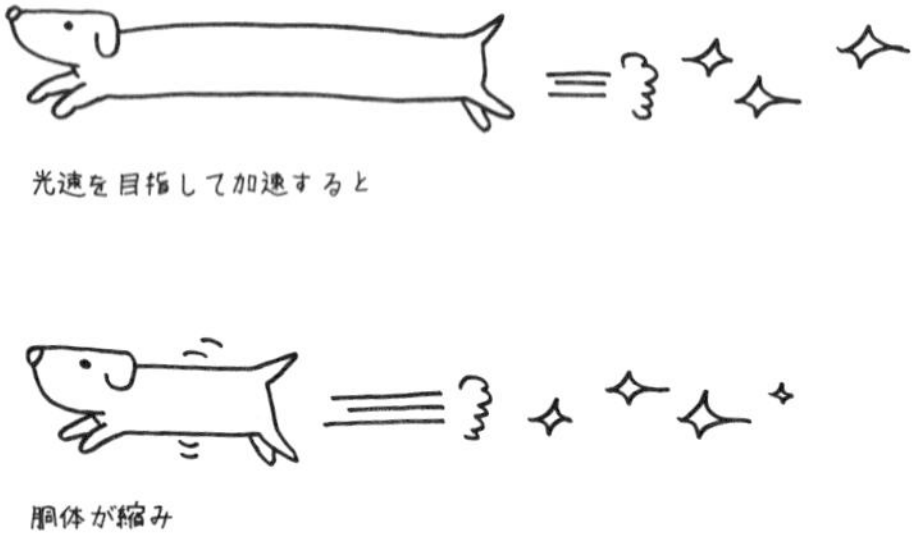

て質量は「重さと似たようなもの」という認識でけっこうです。

物体の速度が上がるとどんどん質量（重さ）が増えるのは、エネルギーが質量に変わるためです。

再びダックスフンドに着目してみましょう。仮にダックスフンドが発憤してハイパーダックスフンドとなり光速を目指して加速を重ねると、スピードが上がるにつれ**加速のためのエネルギーが質量に変わってしまい**、特に光速付近ではダックスは加速する代わりに10キログラムから100キログラムに、10トンから100トンへとどんどん重くなっていきます。

重くなるということは、「加速しにくくなる」ということでもあります。加速しようと

どんどん重くなる

して次から次へエネルギーを投入しても、光速に近づくとそのエネルギーはダックスを加速させるためではなく、ダックスを重くするために使われてしまいます。そのために、あらゆる物体は光速を超えることはできないのです。

ダックスがミニチュアダックスフンドだとしても同じです。「ミニチュアだからたいして重くならないだろう」などという安易な考えはいけませんよ。

もしペット対応型マンションでミニチュアダックスフンドを飼ってらっしゃる方がいましたら、ミニダックスちゃんが発憤して光速を目指しはじめたりしないよう、しつけには十分気をつけてください。屋上のドッグランで疾走中にダックスちゃんが１００トンにま

マンションは爆発!!

で増量してしまったら、確実に**マンション一棟まるごと崩壊**です。

ともあれ、このように、エネルギーというものは質量に、つまり「力」というのは「重さ」に変わることができるのです。一見まったく別のものに感じられますが、実は**「力」と「重さ」は同じものだった**のです。

反対に、「重さ」が「力」に（質量からエネルギーに）変わるということもあります。

この場合はほんのわずかな質量でも莫大なエネルギーを生み出すことになり、その「質量→エネルギー」という変換が実用化されているのが原子力発電であり、原爆であり水爆です。

原子力発電では〝核分裂〟という現象を使

ってエネルギーを作り出しています。ウランの原子の中にある〝原子核〟は分裂しやすい性質があるのですが、分裂するときに質量のおよそ0・1パーセント分（1000分の1）だけがエネルギーに変わります。そのわずかな質量から生まれるエネルギーで、電気を作っているのです。

また、太陽のエネルギーを生み出しているのもこの「質量からエネルギーへの変換」の仕組みです。太陽では〝核融合〟という反応によって、水素の質量から莫大なエネルギーを生み出しているのです。

現時点で人工的にコントロールができるのは、ウランなど特定の物質の一部分を変換する核分裂だけですが、将来にはもっといろいろな方法でエネルギーが作られるようになるかもしれません。

質量とエネルギーの関係は、エネルギーをE、質量をm、光速をcとしたときに$E=mc^2$という式で表されます。c^2は光速×光速なので、秒速30万キロメートルをメートルに直して3億×3億になり………、とにかく、**「質量はほんのちょっとだけでもマジ、ハンパねぇエネルギーに変わる」**とヤンキー風に覚えておいてください。

私たちは普通エネルギーを、歩いたり走ったり物を持ったり喋ったり心臓を動かしたり、ということに使います。そのときに、「どのくらいのエネルギーを使えばどのくらいの運動ができるか」ということを表す、〝ジュール（J）〟という単位があります。

たとえば物を持ち上げるとき、庭先で寝ているタマの体重がちょうど5キログラムだとして、その寝ているタマを意味もなく1メートルの高さまで持ち上げてみると、そのときには約50ジュールのエネルギーを使ったということになります。

そのジュールを利用して、質量がエネルギーに変換された場合にどのくらいの量になるかを見てみましょう。

たとえば、ここに1枚の100円玉があります。100円玉1枚の重さはたったの5グラムですが、この5グラムを$E=mc^2$の式に当てはめて計算してみると、100円玉1枚が秘めたエネルギーは**450兆ジュール**ということになります。

450兆ジュールというのは、寝ているタマを意味もなく1メートルの高さまで持ち上げるという行為を**9兆回行えるエネルギー**です。でもさすがに、せいぜい一千万回も持ち上げればタマも目を覚まし「なにするんニャよ!!」と逃げてしまうでしょうから、残り8兆9千万回分のエネルギーは無駄になってしまいます。

それなら、寝ているタマを**1回だけ90億キロメートルの高さまで持ち上げる**ということで代案とすることも可能です。

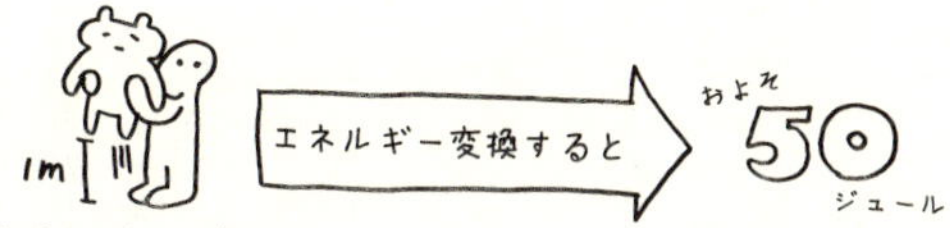

5kgのタマを1mの高さまで
持ち上げる

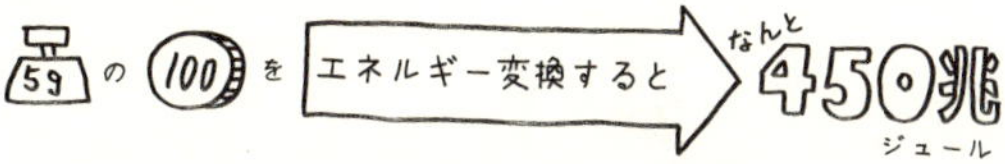

450兆ジュールはタマを1mの高さまで
持ち上げる行為を9兆回行えるエネルギー

1度で使い切れば果てしなく宇宙を飛んでいく

と言いたいところですが、よく考えてみれば地球の重力はそんな大きな距離には及ばないので、450兆ジュールを1度の動作で使い切る意気込みでタマを持ち上げた場合、地球はおろか太陽の重力も振り切ってタマは宇宙空間に飛び出し、そのままNASAが打ち上げた惑星探査機ボイジャー1号と一緒に太陽系外を目指して漂っていくことになるでしょう。これはちょっとかわいそうですね。ただ昼寝をしていただけの、なんの罪もないタマなのに。

ただし質量がエネルギーに変わるとき、たとえば太陽や原爆のケースでは、タマを持ち上げるようなゆったりした力ではなく、もっと**爆発的なエネルギーが一気に放出**されています。つまり、100円玉がエネルギーに変わったとたんに**都市をまるごと滅ぼすような大爆発**が引き起こされるということが考えられるわけです。

現時点ではなんでもかんでもすべての物質の質量を変換できるわけではありませんが、もしも100円玉をはじめあらゆる物体の質量をまるごとエネルギーに変えられる技術が開発されたら、しごく簡単にダイエットができるようになります。

なにしろ体重を減らしたければ、脂肪の質量を次々とエネルギーに変えてやればいいんです。これこそ、食事制限や皇居ランニングに代わるまったく新しい減量スタイル、**相対性理論ダイエット**です。

それが可能になれば、自分では一切運動をせずに痩せていくことができます。数グラムの脂肪をエネルギーに変えるごとに毎回大爆発が起こり、無数の町が荒野と化していくこと**さえ気にしなければ**、いともあっさりとシェイプアップすることができてしまうわけです。

その視点で考えると、元々重量のある人はそれだけ大きなエネルギーを秘めているということになります。

たとえばマ〇コ・デラックスさんの体重を130キログラムと想定して、彼もしくは彼女の全質量をエネルギーに変換したケースを考えてみます。

5グラムの100円玉1枚が450兆ジュールですので、体重130キログラムでは合計で1200京ジュールとなります。これは、**広島型原爆約20万発分の破壊力**です。

こうなってくると彼女はもはや極東アジア、いや**世界全体の安全保障に対する大きな脅威**となってきます。もしマツコさんが痩せたいからといって「自分の体重をエネルギーに転換する技術の研究」をはじめたとしたら、即座に安全保障会議を招集し国連軍を派遣してでもやめさせなければなりません。デラックスさんが $E=mc^2$ の公式によりエネルギーに転換する、これすなわち**地球存亡の危機**なのです。

そもそも、70年前の広島型原爆でもやはり核分裂によって質量からエネルギーへの転換が行われたのですが、このときにエネルギーに変わった質量は1グラムにも満たなかったといいます。たった1円玉1枚の質量ですら、原爆と同等のエネルギーを持っているということになるのです。

それにしても、質量とエネルギーすなわち重さと力というのは感覚的にはまったく違うものに感じますし、その2つが元を正せば同じものだということはなかなか理解し難いかもしれませんね。

しかし、こう考えてみたらどうでしょう。

よく、「人間は顔が大事か、それとも中身が大事か」というような議論がなされることがあります。

道徳的には中身を尊重することが大事であり、この話題になったら「私、男の人の外見は全然気にしないの。性格で人を好きになるから」という**心にもない意見をとりあえず述べておくべきだという不文律**があります。

しかし、そもそも顔と性格というのは別のものでしょうか？

たしかに、中身は心であり外見はそれを入れる器です。それぞれは全然違うものという認識が一般的かもしれません。

でも、実はそうではないのです。純真な心は瞳に表れ、思いやりを忘れず常に他人の幸福を願っている人には素敵な笑顔が備わります。それはそのままその人全体の雰囲気となり、多くを語らずとも人を惹きつけるような魅力的な容姿になることでしょう。

　つまり、人間の「中身」は、「外見」に転換が可能なのです。その人の人間性と外見は、元を正せば同じものなのです。**公式で表すならば、外見＝人間性c^2なのです。**

　とりあえずそういうことにしておけば、人を外見で判断することに対する罪悪感が薄れますよね。

　さて、ここまでの特殊相対性理論に関するレクチャーはいかがだったでしょうか？〝相対性理論〟という言葉の難解そうな印象からは、こんなにファンタジックな内容は想像もできなかったのではないでしょうか？

　それでは、次の章以降で特殊相対性理論の発展形である、〝一般相対性理論〟について学んでいくことにしましょう。

補足
物体は光速に近づくと質量が増加してしまうため「あらゆる物体は光速を超えることは

できない」と説明しましたが、実は相対性理論では「加速して光速を超える」ことは不可能でも、「誕生した瞬間から光速より速く動いている物質」の存在は否定していません。光速より速い仮想の粒子のことを〝タキオン〟と呼びますが、ただし現時点ではまだその存在は立証されていません。

万有引力

ばんゆういんりょく

感じる科学

chapter3

banyuu inryoku

万有引力――その①

「万有引力の法則」

ここからは、相対性理論のもうひとつの形である〝一般相対性理論〟について学んでいきたいと思います。

そもそも、「特殊」の後に「一般」が来るというのは少しおかしな感じがするかもしれませんね。

たしかに、「特殊」がついている方は本来特別であるべきで、特別なのに一般なものより先に堂々と出てこられてしまっては、さっぱりありがたみを感じません。私の家の最寄り駅にあるスポーツクラブが「今なら入会金0円！」という特別キャンペーンをもう5年くらいずっとやっていて、**もはや全然特別ではなくなっている**という状況と同じようなものですね。

余談ですが、ランク制を導入している美容院の美容師さんのランクも、「アーティスト」だの「トップスタイリスト」だの「サロンディレクター」だの、**どの名称も全部特別そうに**

感じるので結局どれが特別なのか全然わからなくなっています。もう少しお客さんに歩み寄って、「月並み美容師」「すご腕《うで》美容師」「美容師王」みたいな、わかりやすい呼び方にしてもらえないものでしょうか。

余談はともあれ肝心の特殊相対性理論と一般相対性理論の違いについてですが、本題に入る前に、恐れ入りますがあと17ページだけ時間をください。

というのは、一般相対性理論は重力を扱う理論のため、まずは重力及び万有引力というものについて知っておく必要があるからです。この項目では、その重力について、先に簡単な予備知識をつけておくことにしましょう。

さて、時間が遅れたり長さが縮んだりという特殊な現象に面くらう人は多いかもしれませんが、普段からつき合いの深い重力及び万有引力に感銘を受けたことがあるという方は、あまりいないのではないでしょうか。

しかし、そもそも宇宙の中を時速数百万キロメートルものスピードで動きながらも自分と地球が無事にくっついているということを、まず私たちは不思議に感じるべきなのです。

たとえば、テレビの中でエスパーを名乗る人物が超能力を繰り出して、近くのコップや灰皿を触れないで手元に引き寄せたら、あなたはどう思うでしょう？「超能力を繰り出して物を動かせるなんてすごいなあ」とはまず思わないはずです。**「どんなトリックがあるんだろう」**と考えるはずです。なぜなら、私たちは常識的に「触れないで物を動かすなんてことができるわけがない」という認識を持っているからです。

もちろん例外はあります。特に人間としての内なる力が高まる10代後半から30代にかけての女性なら、グラマラスな胸の谷間を繰り出すことで男子の体の一部を触れずにピコーンと動かすようなことはできます。しかしそういう特別な事例を除けば、接触せずに物体・物質を動かすなんていうことは特撮やトリックの世界でしかないのです。

でも、そこでもう一度重力に目を向けてみましょう。

こんなシーンを頭の中に思い浮かべてみてください。宇宙の中に丸い地球が浮かんでいて、その上にポツンとあなたが立っています。その地球を、右にぐるっと90度傾けます。するとあなたは壁に垂直に立つスパイダーマンのように、横を向いて地球に立っていることになりますね。あなたの頭のてっぺんは右を向いていて、足の裏は左を向いて地球にくっついています。

するとすぐそばをおなじみのタマが通りかかったので、意味もなくタマを捕獲して1メートルの高さまで（右方向に）持ち上げ、手を放します。

すると、タマは一瞬にして空間を右から左へ進み地球に張り付きますよね。あなたが手を

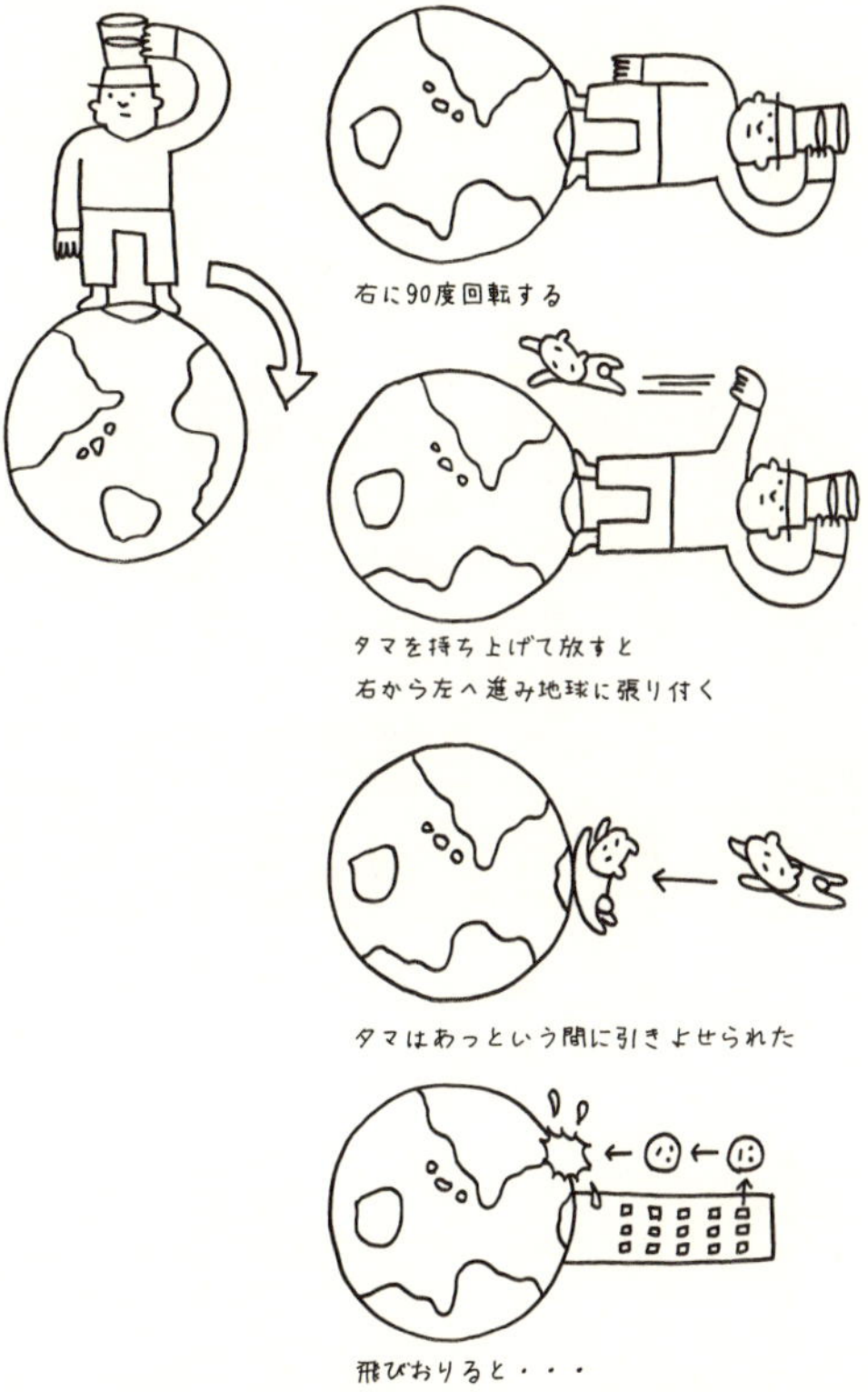
右に90度回転する
タマを持ち上げて放すと
右から左へ進み地球に張り付く
タマはあっという間に引きよせられた
飛びおりると・・・

放した後はまったくどこにも触れていないのに、タマは地球にあっという間に引き寄せられます。

そのままの体勢で、さらに続けます。

横向きのあなたは、これまた横向きに建っている背の高いビルに入り、エレベーターで高層階まで上がっていきます。右に90度傾いているビルの中を、地球と離れて右方向に50メートルほど進みましょう。最上階でエレベーターから出たら、近くのオフィスを訪れて、そのまま窓際に歩み寄り窓を開けて飛び降りてください。

すると、宙に躍り出た瞬間あなたは左方向の地球に向かって猛スピードで引き寄せられます。ほんの数秒で地球とくっつくと、あなたの全身の骨は砕けて体はぺしゃんこになり、あふれ出した血もまた地球にどろーっとまとわりつきます。

どうですか？

相手に一切手を触れないのに、これほどの力で物体を引き寄せる地球。この地球が持つ**猛烈な超能力**にまず我々は驚かなければなりません。

エスパーのサイコキネシスなどあり得ないと考える私たちが、なぜ地球の重力は疑いなく受け入れてしまっているのでしょうか。相対性理論による時空の変化にぎょっとしたように、私たちは重力があることにも驚くべきです。タマを見て「すごい！　タマが謎の力で地球に張り付いている！」と驚き、高層ビルからの落下中には「すごい！　俺、触ってもいないのに地球に引き寄せられてる！　まるでハリー・ポッターの世界だ！」と真摯に感銘を受けなければなりません。

地球上で私たちが重力の影響を受けるのは、ニュートンの発見した〝万有引力の法則〟によるものです。

地球だけでなく、この宇宙に存在する物体や物質は、質量のない光などを除いてすべて万有引力で引き合っています。大きい物も小さい物もすべてです。月と地球も引き合っているし、ナイフとフォークも引き合っているし、岩と岩も引き合っているし、タマとタマタマも引き合っています。私と石原さとみちゃんも引き合っています。

ところが、テーブルの上のナイフとフォークが放っておいてもくっつかないのは、軽い物同士に働く引力は非常に弱いからです。

物を動かすには物体の慣性質量（動かしにくさを示す質量）に応じて一定以上の力が必要ですし、テーブルの上にあるナイフならばなおかつ「テーブルとナイフの摩擦」という引力を邪魔する力が働くため、実際に動き出すまでには至らないのです。

万有引力の大きさは、2つの物体の質量の積に比例し、距離の2乗に反比例します。嚙み砕いて言うと、2つの物同士が「重くて近いほど強く引き合う」ということです。

なお、「2つの物体の質量の積に比例し」ですので、必ずしも両方ともが重くなくても強い引力は発生します。片方が軽くても片方が重ければ、引き合う力は十分に強くなります。そのためナイフとフォークはくっつかなくても、ナイフと地球はくっつくのです。

それなら軽い物同士の引力は微々たるものだしたいして重要ではないかといえば、そんなことはありません。

なにしろ、この宇宙にたくさんの星ができたのも万有引力のおかげなのです。地球や太陽を含めて、**宇宙にあるすべての星は、万有引力により細かい塵《ちり》同士が引き寄せ合って誕生したものなのです。**

「塵も積もれば山となる」とはよく言いますが、塵は山どころか太陽系、いや**全銀河にある星々、あるいは宇宙そのもの**になっているのです。

私たち人間だって、結局はその塵の塊から生まれた存在です。それなのに、「塵みたいなチンケな輩《やから》でもさあ、積もれば山になっちゃうんだぜ？」みたいな格言で、なんだか**塵に対して上から目線のもの言い**をするのは、塵に対して失礼極まりないことです。そこを南米チリの人たちはちゃんと理解していたので、その母なる塵に敬意を込めて彼らは自分たちの国名をチリと決めたという経緯があるのです。というのはもちろんウソです。

実際に塵のひとつひとつの引力は弱いですが、その集合体である星の引力はとても大きなものです。たとえば太陽は地球と比べてはるかに巨大な質量を持つため、その引力も強力です。

太陽表面での引力の強さは、地球の約30倍にもなります。誰かに対して「あなたは太陽のような人だ」という褒め方をすることがありますが、そこには「太陽が強い引力を持つように、あなたもまた周りの人々を強く引きつける魅力のある人ですね」という、物理的な意味が隠されているのです。

この万有引力の法則を、恋愛にも利用してみたらどうでしょう？　通常恋をした人は相手に良く思われたいがためにダイエットに励んだりするものですが、逆に不摂生を繰り返してぶくぶくに太り、**万有引力を増強してみる**というのもナイスな手法だと思われます。ぐんぐん増量して地球規模の肥満体になれば、相手が嫌がろうが逃げようが強力な引力により自動的にあなたにピタッとくっつくことになるでしょう。

ただし地球と同程度の引力を持ってしまうとなると、１００メートル先にいる相手はあなたに引き寄せられたと思ったら**あなたに着地した瞬間全身の骨を粉々に砕き**、血みどろになってお亡くなりになられます。地上１００メートルからの**転落死状態**ですね。誠に悲しいことであり、お悔やみ申し上げます。

もちろんそれ以外にも何億人という人々や、飛行機や建物やトイレや核兵器など地表にあるあらゆる物があなたの体に落ちてくるわけで、そうなるとあまり気分のいいものではないかもしれませんね。

やっぱり、暴飲暴食は控えましょう。

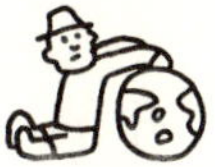

万有引力——その②
「地球の重力」

この地球上で私たちの生活が成り立っているのは万有引力により地球の重力を受けているからですが、では「引力」と「重力」というのはなにが違うのでしょうか？

結論から言いますと、引力と重力は9割方同じものです。「引力」を「重力」と入れ替えても、基本的には違いはありません。新郎新婦の馴《な》れ初《そ》めについて、「合コンで出会った」と言うところを**「知人に誘われた食事会で出会った」**と言い換えても意味は変わらないのと同じですね。

ただ9割方同じならば残りの1割はなにかというと、細かいことを言いますと「地球の重力」という場合には、地球の引力から遠心力を差し引いたものになります。

地球はかなりのスピードで自転しているため、地上にある物体はすべて外側に放り出されるような遠心力を受けています。幸い地球が私たちを引きつける力の方がずっと強いために宇宙に飛ばされることはありませんが、「地球の重力」という場合には「地球の引力」から遠心力分が差し引かれるため少しだけ大きさが異なってくるのです。

なお、地球は北極と南極を結んだ軸（地軸といいます）を中心に回転しているため、北極点や南極点に近ければ近いほど遠心力は弱まります。反対に赤道付近では表面の移動スピードが上がり時速1700キロメートルにもなりますから、外に投げ出される力は大きくなります。

ということは、厳密には地球の重力は地域ごとに違っているんです。地球上では、**赤道に近づくほど物は軽くなります。**

そういえば、トンガやサモアなど赤道に近い南国には、妙にふくよかな体型の方が多いですよね。あれは、遠心力が強いせいで体重計の数字が少なく表示されるものだから、**自分は全然太っていないんだと勘違いして油断して食べ過ぎてしまっているのではないでしょうか？**　これはいけません。取り返しのつかないことになる前に、彼らに地球の遠心力についてレクチャーをしてあげた方がいいのではないでしょうか。

はたまた、これまた赤道付近のバリ島などでは、ここ最近地元の男に金を貢いで遊び呆けるようなろくでもない日本人女性が増えているようですが、これもまた**遠心力が強いせいで女性の尻が軽くなっている**ということではないでしょうか？

いいえ。そうではありません。その女性たちは、**元から人間性が軽いんです。遠心力のせいではありません。彼女たちの尻軽は人間の資質の問題です。たとえ遠心力がなくとも、人として軽いんです。**

…………。

と、いうのは**軽いジョークです。**生き方なんて、人それぞれ自由なんですもの。他人がどうこう言うものではありませんよね。おほほ。

まあしかし南の島を訪れると身も心も軽くなったような気がするのは単なる気のせいではなかったということですが、と言いつつも実際は赤道付近と極点（北極、南極）での重さの誤差はたった0・5パーセントほどなので、実はそれほど目に見えて大きな違いというわけでもありません。

ところで、引力は常に物体の中心に向かって働きます。地球上なら、引力がかかる方向は地球の真ん中です。また、万有引力は「距離が近いほど強い」ので、逆に言えば遠ければ弱くなり、地球の中心から距離のある富士山やヒマラヤ山脈の上などでは引力はやや小さくなります。

万有引力は宇宙の塵を集めて星を作りましたが、それだけでなく、地球が現在の環境を保っていられるのもまた万有引力のおかげです。もしも太陽の引力がなければ、地球はあっという間に公転軌道から外れてはるか宇宙に飛び去ります。すぐに地表の温度はマイナス200度以下にまで下がり、すべての生物は死滅するでしょう。

また、あらゆる生命の源は水であり、水がなければ地球上に生命が誕生することはありませんでした。

宇宙の中で水が凍らず蒸発もせず、液体でいられる可能性がある区域のことを〝ハビタブルゾーン〟もしくは〝生命居住可能領域〟といいますが、太陽系内でもそれはほんのわずかな区域だけです。地球のお隣さんである金星も火星も、ハビタブルゾーンからは外れています。地球というのは実に**太陽から近過ぎず遠過ぎず、絶妙な距離で公転をしている**のです。

いわば、地球というのはキャバクラ嬢のみなさまのようなものですね。金払いのいい太陽のようなお客さんと、お店では恋人同士と見まがわんばかりのデレデレトークをしておいて、しかし**店の外で会おうとは絶対にしない**という、**近過ぎず遠過ぎない絶妙な距離感**をキープする技術が地球と同じくやり手のキャバクラ嬢さんにもあるのです。どうですか？　**腹立た**

しくなりませんか？

地球は太陽の引力で引かれている、いわば地球は太陽に向かって落ちていると言えるわけですが、そのまま太陽にぶつかっていかないのは、地球が落ちるのと同時に横向きに進んでいるからです。**進みながら落ちている**結果、宇宙に放り出されることもなく太陽に突撃することもなく延々と落ち続けていられるというわけです。

地球の周回軌道を回る月や国際宇宙ステーションや人工衛星は地球に向かって落ち続けているし、太陽を囲んで回る地球や火星や木星や天王星は、太陽に向かって落ち続けています。

遊園地の絶叫マシンやバンジージャンプは落ちるのがほんの2、3秒だからこそ楽しいわけですが、それに比べて太陽系ができてから**かれこれ50億年ほど落ち続けている惑星たち**は、もはや絶叫も通り越してとっくに気を失っているに違いありません。

このように、万有引力及び重力というのは私たちの生活どころか宇宙全体にとって、とても重要な役割を果たしているものです。だから、私たちは引力の存在を重んじ、常に重力と真剣に向き合わなければいけません。

しかし、あまり重力及び物理法則について詳しくなってしまうと、ドラマや映画などを見

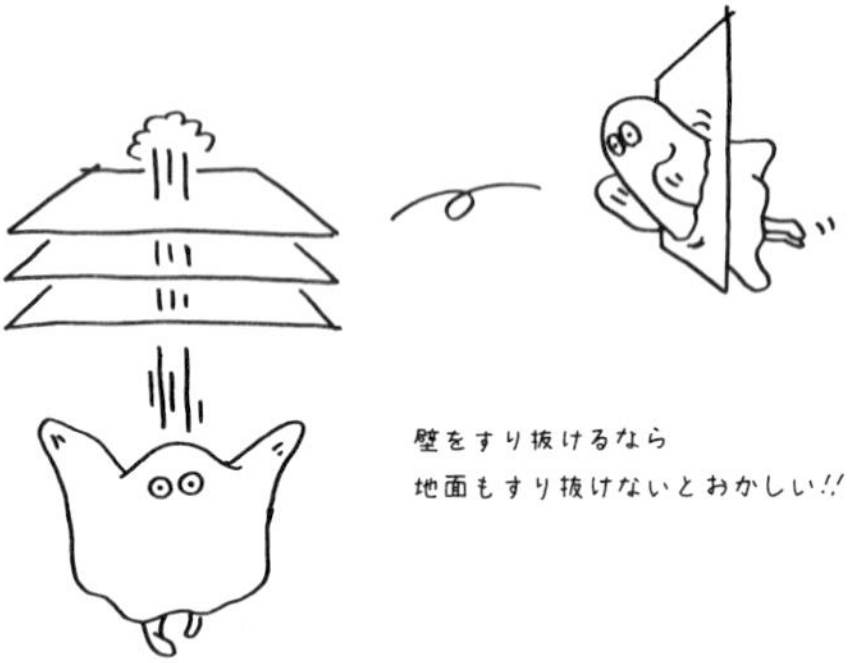
壁をすり抜けるなら
地面もすり抜けないとおかしい!!

ていて設定のおかしなところが妙に気になってしまうという弊害もあります。

たとえば、『ゴースト／ニューヨークの幻』という映画があります。松嶋菜々子さん主演で韓国映画としてリメイクもされましたね。この映画の鑑賞中も、私はやはり重力の設定のおかしさが妙に気になってしまうのです。

不慮の事故で亡くなってしまった主人公がゴーストとなって恋人を守るというこの物語の中では、ゴーストはゴーストなのにもかかわらず2本足で立ち、ちゃんと地球の重力の影響を受けています。

ところが、別の場面では彼らゴーストは物体をすり抜けるのです。悪者を殴ろうとしても体に触れられず空振りになってしまいます

落ち込んでいくゴースト
つまり、地球の中心は
ゴーストだらけのはずだ!!

し、移動中は壁やドアも服を着たままスルスルと通過します。

　これがおかしいのです。

　まず、壁を通り抜けるという点は、素粒子の「トンネル効果」という現象でなんとか無理矢理説明がつかないこともないです（トンネル効果については「発明」の章で改めて説明します）。

　しかし、彼らが物体を通過する体を持ちなおかつ地球の重力を受けているのなら、ゴーストは**床をすり抜けて地球の中心に向かって落ちていかなければおかしい**のです。木造の床からコンクリートの土台をすり抜けて地球内部に突入し、地殻からモホロビチッチ不連続面を経由してマントルへ、さらには外核から内核の中心部にまで5000キロメートルを落ち込んでいくのが自然な動きなのです。

地球のど真ん中まで到達するとそこは重力が働かない地点ですのでようやく静止するわけですが、無重力状態では、なにかのはずみで体が動いてしまうとその場でくるくると回転をはじめてしまいます。

よってパトリック・スウェイジや松嶋菜々子さん演じるゴーストは、物理法則にのっとるならば**恋人からはるか遠い地球の中心部で、身動きが取れないままクリンクリンと永久に回転を続ける**ことになるのです。

もちろん、主人公だけでなく世界にいる他の登場ゴースト人物たちも全員同じように核まで落ちていきます。もしゴーストはゴーストの体をもすり抜けるとすれば、地球の中心点で何億体というゴーストが重なり合い、**超高密度ゴースト**となってそのままくるくると回り続けます。もしゴースト同士はすり抜けないのならば、パトリック・スウェイジと松嶋菜々子さんを含めた無数のゴーストが地球のコアで密着し、巨大な団子状態となり回転を続けるわけです。

これはもう、恋人の心配をする前にまず自分がどうやってこの回転地獄から抜け出すかを考えなければいけませんね。二度と会えない恋人を思って、地球の中心で愛を叫ぶしかないのでしょうか。

ただ、もしかしたら映画の中でのゴーストは、「重力を受けていない」という設定なのかもしれません。2本足で立っているように見えて、実は少しだけ浮いているとか。

しかしこの宇宙では質量がある物体は必ず万有引力の影響を受けるので、重力を受けていないとすればそれはゴーストの**質量が0**ということになります。

質量が0だとしたら、その存在は静止していることができません。光子を見ればわかりますが、質量が0の存在は**光速で移動することしかできない**のです。

つまり、ゴーストが万有引力を受けない、すなわち質量が0だとするならば、松嶋菜々子さんはゴースト化した瞬間秒速30万キロメートルで宇宙空間へ飛んでいかなければなりません。1秒後には月を通り過ぎ、太陽まではせいぜい8分、6時間もあれば冥王星まで到達します。さすがにこれは、愛の力で乗り切れるレベルの遠距離恋愛ではありませんよね。

まあ意地の悪い話はほどほどにしまして、このあたりで十分重力については理解を深めていただけたと信じて、次の項目では一般相対性理論の中身へと進むことにしましょう。

補足
赤道上では遠心力が大きくなるために体重計の数字が小さくなると説明しましたが、最近では、地域ごとに重力の差を考慮して数字に補正をかける体重計も発売されています。この体重計を使えば、トンガやサモアの方たちが油断して太ってしまうこともなさそうですね。

感じる科学

chapter4

一般相対性理論

いっぱんそうたいせいりろん

ippan soutaisei-riron

一般相対性理論——「空間の歪み」その①

それでは、いよいよここからは一般相対性理論について話を進めていくことにしましょう。

実は、相対性理論においては「特殊」のつく特殊相対性理論の方が、一般相対性理論よりも簡単なものとなっています。

相対性理論を詳しく学んでいくと、「時間の遅れを計算する式」や「速度による質量の増加を計算する式」など、様々な方程式が出てきます。その中で特殊相対性理論で使用する式は、「物体が一定の速度で真っ直ぐ進んでいる場合（等速直線運動をしている場合）」という、特別な条件下でのみ適用になるものなのです。つまり特殊相対性理論は、「ある限られた場面でだけ使える」という点で特殊なものだったのです。

もちろん時間の遅れや質量の増加は実際に起こるものですが、その変化の値を計算するときに、動く物体が右に行ったり左に行ったり加速したり減速したりすると、特殊相対性理論の方程式では手に負えないということになるのです。
それに対して一般相対性理論は、アインシュタインが特殊相対性理論の発表後さらに10年をかけて完成させたもので、すべての状況に対応できる理論となっています。

とはいえ、ここで一般相対性理論の方程式について詳しく解説する予定はありません。だいたい想像がつくと思いますが、「アインシュタイン方程式」とも呼ばれる一般相対性理論の方程式は、難し過ぎるのです。一般相対性理論なのだから一般人向けにできているのではと思いきや、そんなことはありません。**むしろ一般相対性理論は一般人を置き去りです。**なにを隠そう著者である私も恥ずかしながら置き去りにされています。

アインシュタイン方程式の中で使われているのは数字よりもアルファベットの方が多く、しかも**アルファベットですらない謎の記号**までいくつも混じっています。

もし相対性理論を知らない国の王様が遺跡の壁画などからアインシュタイン方程式を発見し、おつきの学者に「おい、このなんだかわからない記号を解読せよ」と命じたとしたら、数日後に「王様、三日三晩考えてこの記号の意味がわかりました。どうやらここには、『偉大なるオシリス神は正義をもって邪悪なものどもを滅ぼし、敬虔なる人民に大いなる祝福を与えたもうた』というようなことが書かれているようでございます」と、**物理とはまったく**

アインシュタイン方程式

$$R_{\mu\nu}-\frac{1}{2}Rg_{\mu\nu}=\frac{8\pi G}{c^4}T_{\mu\nu}$$

中身はこんなに複雑

$$T^{\mu\nu}=\begin{pmatrix}\rho & \rho v_x & \rho v_y & \rho v_z \\ \rho v_x & p+\rho v_x^2 & \rho v_x v_y & \rho v_x v_z \\ \rho v_y & \rho v_x v_y & p+\rho v_y^2 & \rho v_y v_z \\ \rho v_z & \rho v_x v_z & \rho v_y v_z & p+\rho v_z^2\end{pmatrix}$$

※あくまでも一例です。

関係ない適当な報告が上がってくるのではないでしょうか。おそらく方程式ではなく、単なる**未知の古代言語で書かれた文章**だと判断される可能性の方が高いと思われます。

　というように方程式が難しいのも一般相対性理論の特徴なのですが、もうひとつ特殊相対性理論と大きく異なる点は、一般相対性理論が重力を扱うということです。

　ずばり、一般相対性理論の中心となる考え方は、**「重力は空間を歪める」**というものです。

　すでに学んだように重力というのは質量のある物質・物体には例外なく働く力ですので、「重力は空間を歪める」というのは言い換えれば**「物の周りでは空間が歪む」**ということになります。

空間が歪むということを理解するのはとても難しいですが、とりあえずここでは簡単なイメージだけでも湧くように、本来4次元（3次元＋時間）の姿をしている私たちの時空を、2次元の平面でたとえてみたいと思います。

意外と思われるかもしれませんが、私は自分でケーキを作るのが趣味で、休日になると新宿のショップに材料を買いに行き、せっせとスポンジからトッピングのお菓子まで自作しています。だいたいショートケーキをホールで作ることが多いの。

そこで空間の歪みなのですが、生クリームを塗る前に「丸いスポンジの上に直接イチゴを置く」というシーンを想像してみましょう。メレンゲいっぱいの黄色く柔らかいスポンジは、イチゴを置けばその重みでちょっとだけへこみますよね？

そのスポンジのへこみが「空間の歪み」のイメージです。イチゴの重力が、スポンジという空間を歪めているのです。

イチゴならへこみは少ないですが、これがチョコレートで作ったお菓子の家ならもう少し余計にへこみます。庭先から侵入してきたタマがうっかりスポンジを踏みやがったら、さらにもっと大きなへこみになります。つまり、**重力の強い（質量の大きい）物体ほど、周りの空間の歪みも大きくなる**ということです。

星のような莫大な質量を持つ物の周りでは歪みの規模は大きく、イチゴのような軽い物の周りではほとんど空間に影響はありませんが、だからといってまったく歪んでいないわけではありません。

もしあなたがペットを飼っていたら、改めてあなたのポチやタマやピーちゃんをよく見てみてください。あんな純情そうな顔をして、実はポチもタマもピーちゃんも**自分の周りの空間を歪めている**んですよ？　ただかわいいだけだと思っていたのに、そんな**狐狸妖怪のような能力**を持っているなんてなんだか彼らに裏切られた気がしませんか??

人間の場合でも、質量が大きければ大きいほど周囲の空間の歪みは大きくなりますので、メタボ体型の方は他の人と比べてより多く空間を歪めているわけです。

どうですか？　あなたは最近空間をたくさん歪めるようになっていませんか？　**特にお腹周りでよく空間が歪んでいませんか??**

余談ですが、同僚や恋人など身近な人が太ってきてしまって、指摘してあげたいけど面と向かっては言いにくいというときには、「最近太り過ぎじゃない？」と言う代わりに**「最近空間歪め過ぎじゃない？」**と言ってあげるといいかもしれません。それならば、決して角が立つことなく伝えてあげられるはずです。もしくは、別の表現としては「最近体重が増えたんじゃない？」と言う代わりに**「最近重力質量が増加し過ぎじゃない？」**という**オブラートに包んだ言い方**をしてあげるのも思いやりがあっていいですね。

さて、重力の強いところではより多く空間が歪みますが、太陽などの巨大な星の近くでは空間が歪むことにより**光が曲がる**という現象が起こります。強い重力を受けると、光の軌道がずれてしまうのです。

しかし光というのは常に最短距離を一直線で進むものですので、これは正しくは「曲がっている」のではなく、光としてはあくまで**歪んだ空間の中での最短距離を一直線に進んでいる**ということになります。ところが私たちはその「歪んだ空間」というものを理解していないため、重力で光が曲がったというふうに考えるわけです。

実際には、太陽の重力でも光を曲げられる角度は。1の何千分の1という微々たるものですが、計算上はもっと大きな重力を用意すればいくらでも急角度に曲げることは可能です。

たとえば、前を歩く女性がミニなおスカートをはいていらっしゃって、もうちょっとでパンがチラッといきそうなんだけどどうもしかし見えそうで見えない。「見えそうで見えないギリギリの角度」というものがスカートの制作メーカーと前を歩くあの女性とのコンビネーションによって絶妙に計算されており、それに見事に手玉に取られている自分が悔しくてたまらない……。

という状況が、男子たるもの3日に1度はあるのではないでしょうか？　そうですよね。

　現時点では、こちらがしゃがみ込んでのぞいてやればしっかりと目的のブツを伏し拝むことはできるかもしれませんが、そこまで堂々とやってしまうと迷惑防止条例により逮捕の可能性があります。

　でも、もしこちらが直立した体勢でそれでも勝手にパンチラが目に入ってきたとすれば、そうなれば**私たちを罪に問う法がどこにあるでしょうか？**　いいえありません。それは、**完全に合法的な行為なのです。**

　しゃがんだ状態で見えるのに立っていると見えないというのは、スカートの外から飛び込んでおパンツに反射した光が下向きの角度で進んでいるということです。この角度を、光が私たちの網膜に達するように上向きにしてあげればいいのです。

　そのためには、自分と女性との間の空中に超高重力の物質、たとえば**ブラックホール**を配置します。そうすると、下向きの光はぐいっと曲げられてこちらの眼球に入り、私たちは居ながらにして堂々とおパンツのお姿を奉拝することができてしまうのです。

　現在宇宙には大きなもので太陽の1000万倍を超える質量のブラックホールが存在すると考えられていますが、いえいえそんな大規模なものは必要ありません。仮に光の軌道を30度曲げればいいとすると、2人の間、空中2メートルのところに**地球のたった6倍程度の質量のブラックホール**を置いてやれば、それで見事に光は曲がり、おパンツのお姿を奉拝した

見える　　　見えない

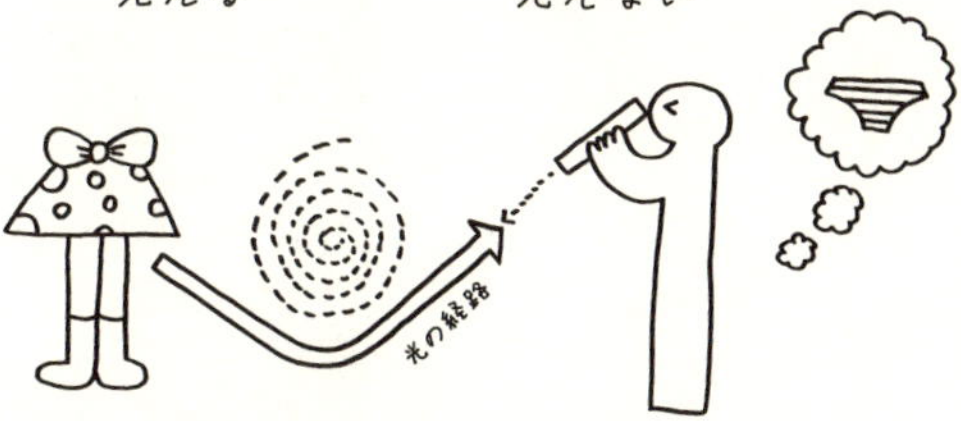

地球の6倍の質量のブラックホールを置けば
光が曲がり、おパンツが見える

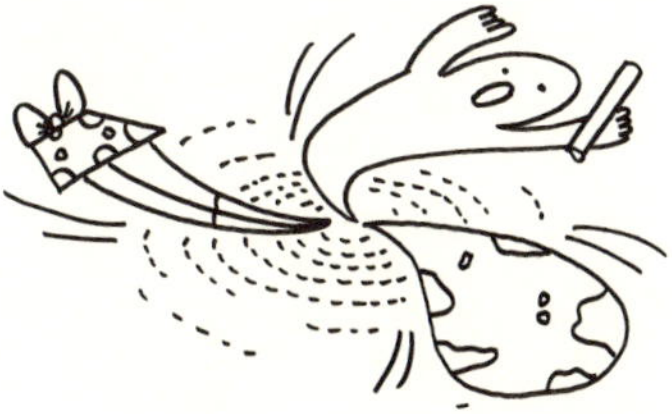

ただし、すべては一瞬でブラックホールに飲み込まれる

いという我らの悲願は達成さるることになるのです。

ただし、自分から2メートルの距離に地球の6倍質量のブラックホールがあるとすると、そこから受ける重力は**地球表面の重力の6000兆倍ほど**になりますので、当然パンチラを見るか見ないかのうちに自分もミニスカ女性も地球もすべてまるごと粉々になってブラックホールに飲み込まれていきますので、それなりの覚悟はしておく必要があります。とはいえ、それだけするほどの価値が、パンチラにはたしかにあると思うのです。

……………こういう不真面目な話は私は大嫌いですので、速やかに次の項目に進みたいと存じます。

一般相対性理論――「重力と時間」――その②

重いものの周囲では、空間が歪みます。

重い惑星、重い発言、重い頭痛に彼氏の重い束縛……。それらの近くでは、あなたも**なんとなく空間が歪んでいるような禍々《まがまが》しい感覚**が実感できるのではないでしょうか。

そしてもうひとつ。

重いものの周囲では、**時間も歪みます。**

重い悩みを抱えていたり、揉め事や別れ話で重い雰囲気になった状況では、「ああ早くこの場を切り上げて家に帰りたいなあ」と願っても、そんなときに限ってなかなか時間が過ぎないということがありませんか？　反対に、キャバクラなどで軽口を叩きながら軽々しくおねえさんと騒いでいると時の流れは光陰矢のごとしで、「そろそろ入店から40分くらい経ったかな？」と思い時計を見ると**なぜか7時間も経っている**なんてこともありますよね。

そうです。それもそのはず、**重力は、時間の流れを遅くするのです。**

とはいえ、ややこしくしてしまい申し訳ありませんが、重い悩みや重い発言に重力は発生しませんので、今の事例はあくまでたとえ話です。そういう「気持ちの問題」ではなく、実際に強い重力の発生する、大きな質量を持つ物体の周辺では空間が歪むのと同時に時間が遅れるのです。

なお、この本には妙にキャバクラに関するたとえ話が多いとお感じになる方もおられるかもしれませんが、あくまで**わかりやすいたとえ話を探していたらたまたまこうなっただけ**であり、著者がそういった大人の社交場を夜な夜な訪れて乱れているというわけでは断じてありません。関係者のみなさまどうぞご了承ください。

時間は、重力の強いところほど遅く、反対に重力の弱いところほど早く流れます。

たとえば太陽表面の重力は地球の約30倍ですので、地球に比べるとややゆったりした時間が流れていることになります。

そしてこの時間の違いは、特殊相対性理論のときとは違い「お互いさま」ではありません。

特殊相対性理論で「光速に近づくほど時間の流れが遅れる」というときには、「興毅くんから見て大毅くんの時間が遅れているときには、大毅くんから見た興毅くんの時間も遅れている」というお互いさまの関係になっていました。

それはそもそも、「AからみてBが時速100キロメートルであるときには、Bから見たAも時速100キロメートルである」というように「速さ」というもの自体がお互いさまだったからです。

ところが、重力はそうではありません。たとえば地球にいる大毅くんと太陽にいる興毅くんとでは、明らかに太陽の興毅くんの方が強い重力を受けています。つまり一般相対性理論での時間の遅れは相対的ではなく、一方的なものなのです。

仮に太陽を、質量をそのままで大きさだけぎゅっと縮めたとします。太陽の上にいる興毅くんにとっては、太陽が小さくなればなるほど太陽の中心点までの距離が短くなるわけですので、万有引力の法則にのっとり受ける重力は猛烈なものとなります（ちなみに質量を変えずに太陽の直径を6キロメートルほどまで縮めると、猛烈な重力によりブラックホールへと変化します）。

そこで、お互いの姿が見えると仮定して、地球の大毅くんから太陽の興毅くんを見ると、興毅くんの動きは非常にスローモーションになっています。大毅くんにすれば「アニキ、腕が鈍ったんちゃう!?」てな感じです。

反対に、今度は太陽で高重力を受けている興毅くんから地球の大毅くんを見ると、「いやいや大毅な、時間の遅れはお互いさまなんやから、俺から見たらおまえの方こそがスローモーションに……、と思ったら**めちゃめちゃ速いやんけっ!!　げげっ!!　いつの間にそんな腕上げたんやおまえっ!!」**と、肉眼で捉えられない超高速のパンチを繰り出す早送り大毅くんの姿に度肝を抜かれることでしょう。時間の遅れが一方的だとこういうことになるわけですね。

ところが、そんな高速のニューブローをひっさげたからといって、大毅くんが簡単に世界チャンプになれるわけではありません。だって、興毅くんから見れば大毅くんだけでなく、**地球上のすべての物体の動きが2倍速、3倍速になっている**のですから。

ボクサーもレスラーも関取もみんな同じで、大毅くんの対戦相手だってやはり肉眼で捉えられないマッハパンチを習得しているのです。

あれ？　でも地球の人はみんな早送りに見えるのに、1人だけ速くなく自然なスピードでリング上で戦っている人がいるよ?と思ったらおそらくそれは**往年のジャイアント馬場さん**です。

ところで、地球上で私たちが受ける重力は、高度が高くなるほど小さくなります。もちろんそれは地球の中心点からの距離が遠くなるからですが、ということは、次のようなことが起こります。

セブンイレブンで買ってきたツナマヨおにぎりがあるとします。そのおにぎり、**床に置いてあるときと、テーブルの上に置いてあるときでは賞味期限が変わってきます。**

そうです。テーブルの上での時の流れは、床よりも早いのです。

具体的には、1メートルの高さにテーブルがあるとすると、床の上と比べてテーブルの上のおにぎりは1日に1000億分の1秒ほど早く賞味期限に近づくということになります。

なんだその程度か、などと侮ってはいけません。塵も積もれば星になるということを忘れてはダメですよ。

そもそも、たとえほんの少しだろうと高さによって時のスピードが違うということが驚くべきことではありませんか。だって、**あなたの足先と頭では時間の進み方が違うんですよ？足よりも、頭の方が早く年を取るんです。**これはなかなか大変なことだと思いませんか？

賞味期限といえば、食べ物の話だけではありません。**高層ビルの上の方のオフィスで働いていると、1階で仕事をしている人と比べて男の賞味期限も女の賞味期限も短くなるんです。**

どうですか。これはたまらないでしょう。

だからといって、そんなことくらいで職場を変えようとしないでくださいね。いつものことですが私の書き方が極端なだけで、実際は50メートルの高さの高層ビルの上では地上と比べて1日に20億分の1秒時間が早く進む程度です。だいたい4700億年働き続けてやっと

1日の差が出る程度なので、まあさほど気にしないでも大丈夫です。

ともあれ時間が進むとか遅れるとか突飛な話ばかりで、どうもそんなことすぐには信じられないという方もいるかもしれません。

ではそんな方のために、ここでひとつ現実的な例を出しましょう。

カーナビやスマートフォンのGPSは、高度2万キロメートルの上空を飛ぶ人工衛星との電波のやり取りによって現在地を表示する仕組みになっています。

その人工衛星すなわちGPS衛星は、地表と比べて重力が弱いために、実際に1日に100万分の45秒時計が進みます。これは「重力による時間の変化」が現実に起こっている事象です。

ところが、GPS衛星は秒速10キロメートル前後の猛スピードで進んでいるため、ややこしいことに特殊相対性理論の**「動いている物体の時間は遅れる」**というケースにも同時に当てはまってしまいます。速さによる時間のズレで、今度は1日に100万分の7秒時計が遅れることになります。

その2つを合わせると結局GPS衛星の時計は差し引き1日に100万分の38秒進むため、衛星の時刻は毎日だんだん地球とずれていくのかと思いきや実は**そのズレは事前に計算され**

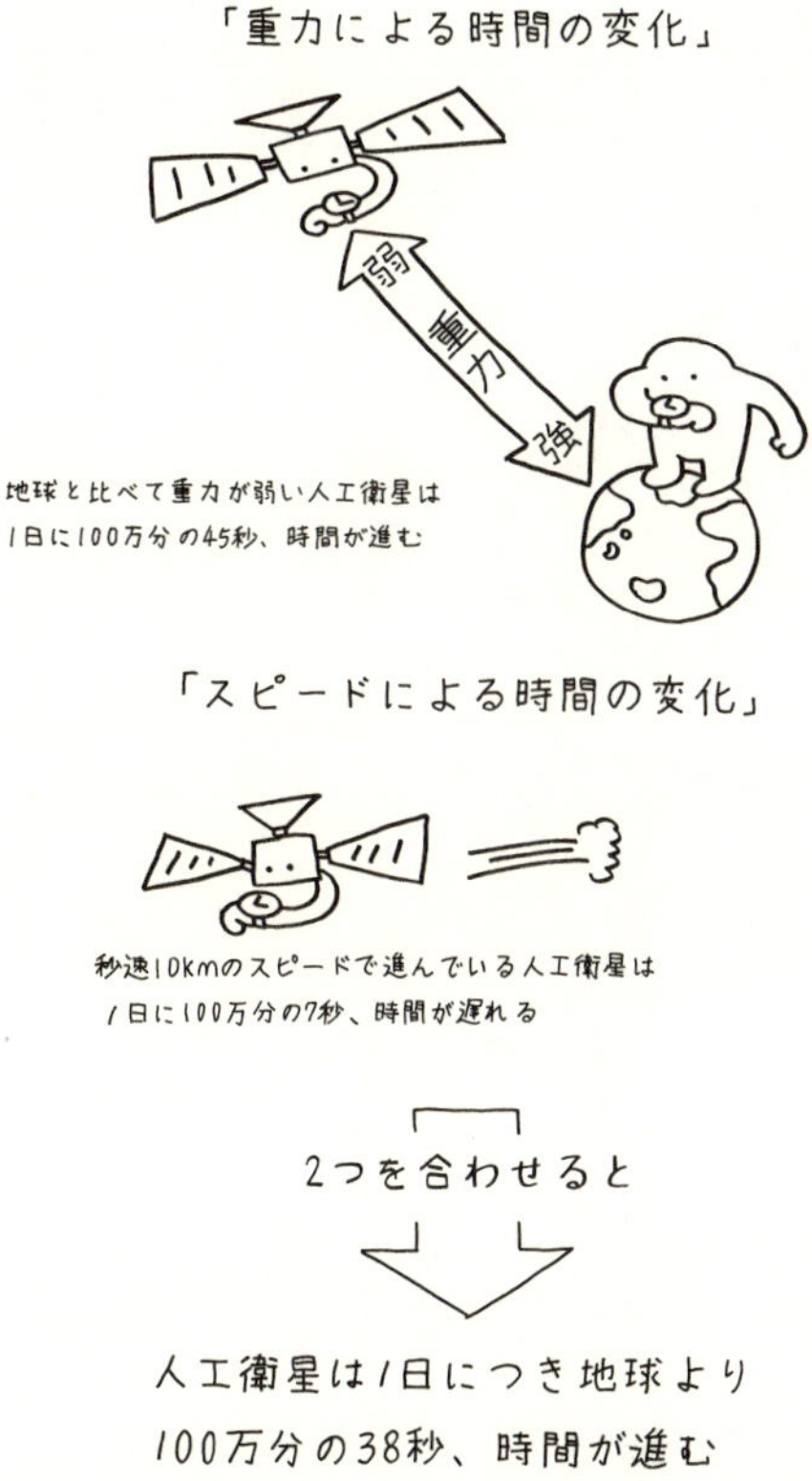
「重力による時間の変化」
弱
重力
強
地球と比べて重力が弱い人工衛星は
1日に100万分の45秒、時間が進む
「スピードによる時間の変化」
秒速10kmのスピードで進んでいる人工衛星は
1日に100万分の7秒、時間が遅れる
2つを合わせると
人工衛星は1日につき地球より
100万分の38秒、時間が進む

ており、速度と重力の影響を踏まえて正確に時刻を刻むように設計された時計が搭載されているのです。やりますね地球人も。

ＧＰＳは時刻情報を乗せた電波の送受信によって位置を特定する仕組みなので、わずかな時刻の相違でも現在地の表示は狂います。電波というのは光の一種であるためスピードは光速ですが、よって仮にＧＰＳ衛星の時計が1秒進んでいると、現在地が約30万キロメートル分ずれて表示されてしまうのです。

そもそも地球の広さが1周で4万キロメートル程度しかありませんので、仮にＧＰＳの表示が30万キロメートルずれてしまった場合は、現在地が**月のあたりにいる**と判断されることになります。東京ディズニーランドまでの道のりを表示させたくて立ち上げたカーナビが現在地を月だと認識した場合、30万キロメートルにも及ぶ**ピーター・パン以上の壮大な空の旅**の行程が画面に表示されるわけです。音声案内からは、「右へ曲がってください」や「左に曲がってください」という代わりに、**「地球へ向かってください」という意味不明なアナウンス**が流れることでしょう。

なお、重力の強いところでは時間の流れは遅いわけですが、もうひとつ付け加えると、**「加速しているところでは時間の流れが遅い」**ということにもなります。

特殊相対性理論では質量とエネルギーを同じものだと考えましたが、一般相対性理論では**重力と加速度を同じものだとみなします。**重力によって地球などの物体に引きつけられる力と、自動車や飛行機の中で加速によって背もたれに引きつけられる力（減速するときは前方に引っ張られる力）、この2つは同じものだと考えられるのです。

だから、加速する力が強ければ、またそこで時間は遅れるということになります。

……さあどうでしょう。こうして見てみると、**時間というのはまったく個人個人でめちゃくちゃな流れ方をしているものだ**という気がしてきますよね。

もちろんその変化の量は相対性理論の方程式で正確に計算できるわけなので、本当にめちゃくちゃというわけではないですが、少なくとも頭は混乱しますよね。

散歩中のタマは、家でまったりお茶を飲んでいる飼い主と比べて動いている分時間が遅れるし、気まぐれに加速と減速をすればまたその分時間はずれるし、おまけに長さまで伸びたり縮んだりしてるし自分の質量で周りの空間を歪めてるし……、もはやそんなタマは、猫というより**猫を超越した異次元の生命体**という気がしませんか？

さて、ここまでで相対性理論についての説明は終了です。

物が動いたり止まったり重かったり軽かったり、そんな些細な条件でどんどん時間も空間も歪んでいく……。

目から鱗が落ちたというより、**なんだかよくわからない**という気持ちの方がひょっとしたら強いかもしれません。

しかしこれこそが私たちの生きている現実の世界なのです。

日々の暮らしの中で時空の変化を意識してみたら、今よりも少し、毎日がエキサイティングに感じられるかもしれませんね。

量子論

りょうしろん

ryoushi-ron

感じる科学

chapter5

量子論――その①
「素粒子の性質」

20世紀のはじめにアインシュタインが発表した相対性理論は、世界中の人々に衝撃を与えました。

時間や空間が平等なものではなく、人によって変わる相対的なものだったなんて。この事実を知った人々はうろたえ、遠く日本の博多でも、このような会話が交わされたといいます。

「ねえ、時間や空間って相対的なものだったの？　本当に相対的なの!?　本当に相対!?」

……………。

「もちろんそうたい！」

だがしかし、物理学の世界に革命を起こしたのは、相対性理論だけではありません。

同じく20世紀初頭に誕生し、相対性理論と並び「物理学の2大革命」と呼ばれた現代物理のもうひとつの柱が、〝量子論〟です。

この量子論は相対性理論と同じくらい、いやそれ以上に私たちに対して**なんだかよくわからない感じ**を抱かせてくれます。なにしろ物質が意思を持つかのように恥じらったり身を隠したり、**分身の術**を使ったり、あげくの果てには**もしもボックスの世界**が実際にあるとかないとか、そんな理論が真剣に展開される奇特な学問が量子論なのです。

それでは早速、その量子論の不可解な世界へ足を踏み入れることにしましょう。

量子論で扱うのは、分子や原子や素粒子といった、限りなく小さな世界の物質です。

分子と原子は、物質を作るための小さな「ブロック」のようなものです。たとえば「水」というのは〝水分子〟が無数に集まってできたもので、その水分子はまた〝水素原子〟と〝酸素原子〟の組み合わせによって作られています。

そしてさらに、その原子を構成するもっと小さなブロックが、〝素粒子〟です。

素粒子は、「それ以上分解することのできない最小単位の粒」です。たとえば光の粒である光子や、原子の中に存在している電子などが素粒子で、その大きさはだいたい1兆分の1ミリメートルくらいです。1兆分の1ミリメートルといえば、あの人類史上最小サイズである吉本興業の池乃めだかさんよりもさらに数千倍も小さなミクロの物質となります。もう想像もつかないような小ささですよね。

そんな素粒子を主とした極小の世界について研究をするのが、量子論です。

原子 とは

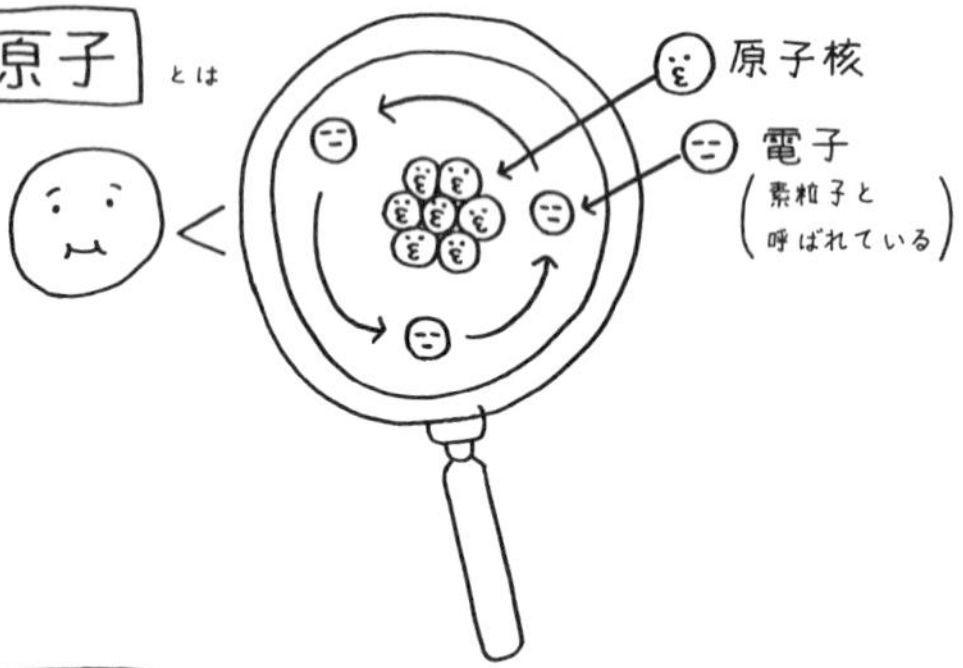

分子 とはいくつかの原子がくっついたもの

分子、原子というのは物質を作る「ブロック」のようなもの

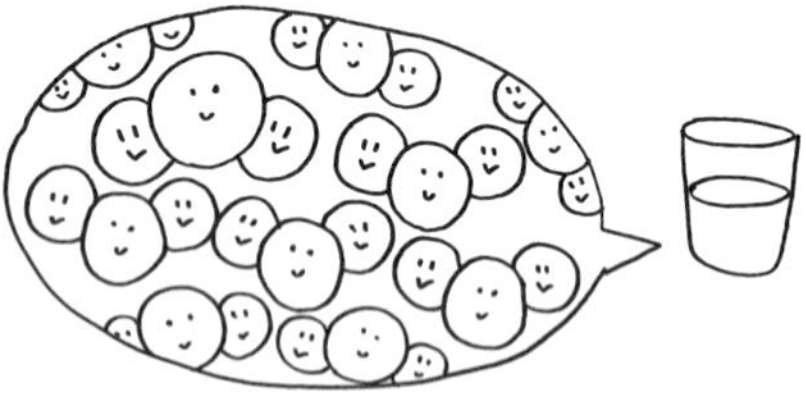

ex 「水」とは「水分子」の集まり

さて、この素粒子ですが、光子にしても電子にしても、**「粒と波の両方の性質を持つ」**ということがわかっています。ここが最初の重要ポイントです。

普通、波というのは「水の集まり」や「空気の集まり」によって作られます。つまり水や空気（窒素や酸素など）の分子がたくさん集まって、**軍団となって波を形成する**のです。

仮に分子の1個だけを見た場合、たしかにその1個は軍団を構成する「波の一員」ではありますが、分子単独ではそれはただの粒であり、波と呼べるものではありません。舘ひろしさんはたしかに石原軍団を構成するメンバーですが、舘さんがただ1人だけで登場して「石原軍団参上！」と叫んでも**それは別に軍団ではない**という状況と同じですね。

ところがどっこいです。おかしなことに、水や空気の波と違い、素粒子の波は**粒ひとつだけで作る波**だとされているのです。

では、「粒ひとつだけで作る波」とはどんなものなのでしょう？　水や空気の波に対して、素粒子の波はどんな動きをしているのでしょうか??

………実は、そこのところが、よくわかっていないのです。

なぜよくわからないのかというとこれがなんとも不思議なところで、素粒子は、自分が波であるときの姿をなにがなんでも見せようとしないのです。

原子の内部には、中心に位置する〝原子核〟とその周りを回る〝電子〟があります。この

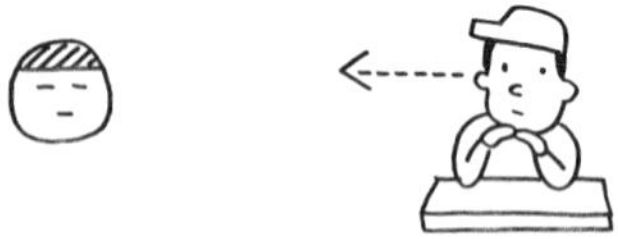

電子は見られていると粒の状態

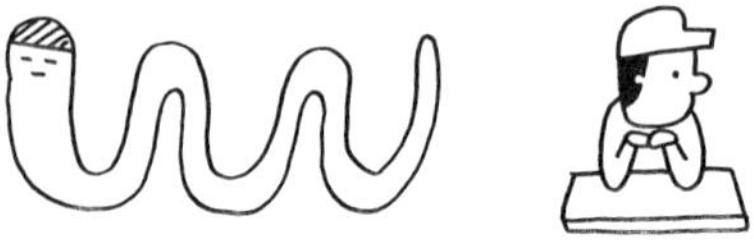

見ていない時は波の形をしている

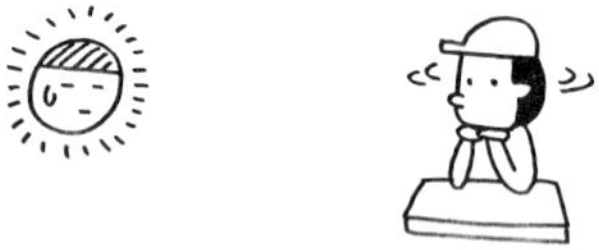

でも、見た瞬間、また粒の状態

電子は、普段波として広がっていることがわかっているのですが、その波の状態をいざ観察しようとすると、**見ようとしたとたんに波はあっという間に縮んでしまい、電子がただひとつの粒となって発見されるのです。**

誰も見ていないときには、電子は波として振る舞いゆらゆらと広がっています。しかし、**観測者が見ようとした瞬間に動きをピタッと止めて収縮し、粒の状態に戻ってしまうのです。**そして、観測をやめるとまた電子は波として広がりはじめるのです。

これは、仕事中にいかがわしいサイトをニヤニヤと閲覧している社員が、**上司の気配を感じるとすかさずブラウザを最小化する行動**にとてもよく似ていますね。でも電子の場合は、「広がった姿を絶対に誰にも観測されることがない」という点で、ダメ社員のブラウザ操作よりも精度ははるかに高いのです。

いったいなぜこのようなことが起きるのでしょうか？　なぜ波の状態の電子は見ることができないのでしょうか。それを解明したいのですが、なにしろ見ることができないために解明したくてもできないというのが現状なのです。

見ることができないのに「電子は波の性質を持つ」ことがなぜわかるのか？というと、電子の運動は電子を波だと仮定した〝シュレディンガー方程式〟という式で正確に表すことができたり、壁の穴に電子を発射して軌道を調べる〝ダブルスリットの実験〟により電子が波特有の「干渉」という性質を示すことがわかったからです。

ただそのあたりの量子論の歴史の流れは、詳しく追っていくと難解になるためここでは割愛させていただきます。

ともかく、20世紀初頭からの数々の研究によって素粒子は波の性質を持っているということがわかったのですが、しかしなぜなのかそれを観察しようとするとあっという間に彼らは粒になってしまうのです。

これは困りましたね。どうしてこんなことになってしまうのでしょうか。

ここからは推測になってしまいますが、単純に考えるに、おそらく電子は自分の「波の状態の姿」を、**ものすごく見られたくない**のではないでしょうか？　そうに違いありません。なにしろ、いまだかつて波の状態の電子を見ることに成功した研究者は誰もいないのですから。

この「電子の波」の隠れ方は、まったく恐ろしいほどに完璧です。仮に観測者が両手で顔を隠して「見ていませんからねー」と約束し、**油断させておいて指の間からチラッと見ても、**電子はそれを察知して粒に戻ってしまいます。ならばということで、「今日はおつかれさま～もう帰るね～」と観測の終了を宣言し、部屋を出るフリをして突然**「あっそういえば来週の送別会なんだけどさあ！」**とガバッと振り返って見てみても、すでに電子は「そうはいくか！」と粒に戻っているのです。

噂では、「世界のぞき見選手権」で10連覇を果たした伝説ののぞき見達人である家政婦役の市原悦子さんも、そっと壁の後ろに身を潜めて盗み見にチャレンジしてみたのですが、それでも波の状態である電子の姿を見ることはできなかったといいます。それが原因で市原さんは自分の衰えを感じ、『家政婦は見た！』シリーズの終了を決めたという説もあるほどです。

電子は体積すら量れないほどの究極の小ささを持つ一粒の素粒子ですが、ある意味彼らは人間以上の恥じらいの心と俊敏さを持っていると言えます。

ミクロの世界では、このように「観測する」という行為自体が観測される側の状態を決めてしまうという、摩訶不思議な現象が起こっています。

ちなみに、この本や私たち人間の体も元をたどれば素粒子でできているわけですから、この世にある物体という物体はすべて波の性質を持っているということになります。

ただし、本や人間のサイズに対してその波の大きさは非常に小さなものですので、誰も見ていないときに本が勝手に動き出すというようなことはありません。しかし一方ミクロの世界では、その小さな波も大きな意味を持つことになるわけです。

もしかしたら将来、優秀な物理学者が不意をついて素粒子の正体の観測に成功するかもしれません。でもそのときにはひょっとしたら、ガッタンゴットンとはた織りをしていた電子が「ああついに見てしまったのですね、おじいさん。これでさよならです(号泣)」と言って**鶴に変身して飛んでいってしまう**ということもあるかもしれないので、あまり強引に正体を探ろうとせず、不思議なものは不思議なままにしておくのも夢があっていいのかもしれませんね。

量子論——その②
「量子ゼノン効果」

「誰にも見られていないときは波となってのびのびと広がり、観測された瞬間に収縮する」という電子の動きは、まるで我々人間の行動そのものですね。

業務中にいかがわしいサイトを閲覧するダメ社員のようでもありますし、はたまた、普段は乱れているのにイケメン彼氏の前では猫をかぶって清純な乙女を演じる策士の女性のようでもあります。

ただしそうは言っても、人間のやることは100パーセント完璧とはいきません。たとえば上司が**たまたまジャマイカ人の短距離走者だったとして**、世界記録の人並み外れた瞬発力で突然背後に回り込まれた場合はブラウザの最小化が間に合わないこともありますし、策士の女性といえども、伊賀出身の忍びの家系の彼氏に屋根裏部屋からのぞかれれば、**ノーメイクの眉なし全裸でむだ毛を処理中**という無残な姿をさらしてしまうこともあるでしょう。

ところが、電子をはじめとした素粒子はそのような失態をおかすことはありません。相手がジャマイカ人アスリートだろうと手練《てだ》れの隠密だろうと、とにかくその正体、波である状態の姿は誰にも見せることがないのです。

この心の閉ざし方は生半可なものではありません。彼らの胸の奥には、いったいどんな闇が渦巻いているというのでしょうか？

素粒子をはじめとしたミクロの物質の特異な性質を示すエピソードは、それだけではありません。

それでは次は、またまた粒子の振る舞いから人間味を感じずにはいられない風変わりな現象、〝量子ゼノン効果〟についてお話しします。

電子などの「これ以上分解できない粒」である素粒子や、素粒子ではないけれどミクロ（目に見えない領域）の物質である原子など、量子論で扱う粒子というのは、「ある状態から別の状態に粒子がまるごと変化する」ことがあります。

「ある状態から別の状態」という表現は少し漠然とし過ぎですが、細かく見ていくと「原子核崩壊を起こしていない状態から原子核崩壊を起こした状態」であるとか、「高エネルギーの励起状態から通常のエネルギーの基底状態」というような複雑な話になってしまいますので、とりあえず深く考えずに「状態Aから状態Bへ」ですとか「ピカチュウからライチュウへ」のように単純にイメージしてみてください。

さて、変化すること自体はいいのですが、通常、Aという状態のものがBという状態になるには、Aの姿から始まり「まだAだけどちょっとだけBに近づいた姿」→「AとBの中間の姿」→「Aの面影はあるけどかなりBに近い姿」→「Bの姿」、というように段階的に変わっていきます。それだけではなく、なおかつ最初の「まだAだけどちょっとだけBに近づいた姿」と次の「AとBの中間の姿」との間には、「まだAだけど『まだAだけどちょっとだけBに近づいた姿』よりはもうちょっとだけBに近づいた姿」や、はたまた**「まだやっぱりAだけど『まだAだけど『まだAだけどちょっとだけBに近づいた姿』』よりはもうちょっとだけBに近づいた姿』よりはさらにまたもうちょっとだけBに近づいた姿」**というように、無限に途中の状態が入り込んでくるものです。

ところが、これがミクロの世界では違います。

素粒子や原子などシャイで極小の物質たちは、**状態と状態の中間の姿を観測者に絶対に見せません。**AかBか、必ずどちらかの確定した状態でしか姿を現さないのです。本当は見えないところで段階を踏んで徐々に変化しているはずなのに、我々が観測をすると、必ず「完全にAの状態」か「完全にBの状態」、どちらか**最終的な姿しか見せない**のです。

どうもやはりミクロの面々というのは人間的、いや、もっと言うと女性的な性質があるように感じられます。

「状態Aと状態B」ではまだちょっとイメージしづらいと思いますので、今の内容を人間の世界、**女子高生の世界**で考えてみましょう。

学校で、体育の授業があるとします。

体育といえば跳んだり跳ねたり回転したりということで、制服のままでは受けづらい授業ですよね。そこで授業の前に女子生徒は「セーラー服姿」から「体操着姿」に状態変化するわけです。

しかしここで考えてみてください。

いいですか、我々男子が見られる女子生徒の姿は、必ずどちらか確定された一方の姿だけです。本来ならば、段階を踏んで女子生徒は「セーラー服姿」→「セーラー服の上着を脱いだ姿」→「セーラー服のスカートを脱いだ姿」→**「××××××××××姿（東京都青少年健全育成条例により伏せ字）」**……というような非常に込み入った変化の流れをたどるはずなのに、**その途中の姿は観測者たる男子には絶対に見せてくれないのです。**

これは納得がいきません。世の物理学者たちが最も力を入れて、躍起になって探ろうとしているものこそが「見ていないときの粒子の振る舞い」なんです。つまり、物事は**中間の姿**

が一番重要だということなんですよ。確定された状態なんてもう見飽きているんです。セーラー服から体操着に変化する間に粒子や女子がどのような振る舞いを見せているか、それこそが我々研究者たる男子が最も観測したい事柄なんです。なんですか、物理学の発展のために協力して一肌脱ごうという女子はいないんですかっ。**あなたがスルッと一肌脱いだ姿を観測させてくれることが量子論ひいては人間社会の未来のために大変な寄与を果たすんですよっ!!　それがわからないのですかあなたたちはっっ!!!**

…………。

話を戻しましょう。

以上のように、ミクロの物質は「ある状態」から「別の状態」に変化する際に、その半ばの姿を見せません。ここからが肝心なのですが、そのことによって、**「観測を頻繁に行えば、物質の状態を変化させないようにすることができる」**のです。これを〝量子ゼノン効果〟と呼びます。

Aという状態の原子が、Bの状態になろうとしているとします。しかしここまで述べたように、状態の変化は観測していないときにしか起こりません。つまりAの状態の原子を見ているときにはAという確定した姿しか見せないため、そのAはBへの**変化をはじめない**のです。

女子生徒だって、男子や教師に凝視されているにもかかわらず着替えをはじめることはまずないですよね？　女子たちは、男子が見ている限りは変化をはじめずにずっと同じ姿を保っています。「状態の変化は観測していないときにしか起こらない」というのはそういうことです。

さてそこで、「原子AはBに変化したいけど観測されているので動けない」という状態のときに、いったんAの観測をやめることにします。

すると誰にも見られなくなったことによりここぞとばかりAはBへ向けて変わりはじめるのですが……、ところが、**その変化の途中で再び観測をすると、原子はそのとたんに慌ててまたAに戻ってしまうのです。**確率的には一瞬の間に隙をついてBに変化してしまうこともありますが、頻繁に観測をすれば、原子をAの状態のままにしておける可能性が高くなるのです。

私の家では犬を飼っているのですが、その犬にも〝量子ゼノン効果〟は表れています。ドッグフードをえさ皿に入れて「おあずけ」をさせているとき、私が後ろを向くと彼は「よし」を待たずにコソーリと食べようとします。**しかしコソーリの「コ」あたりで振り向いて**

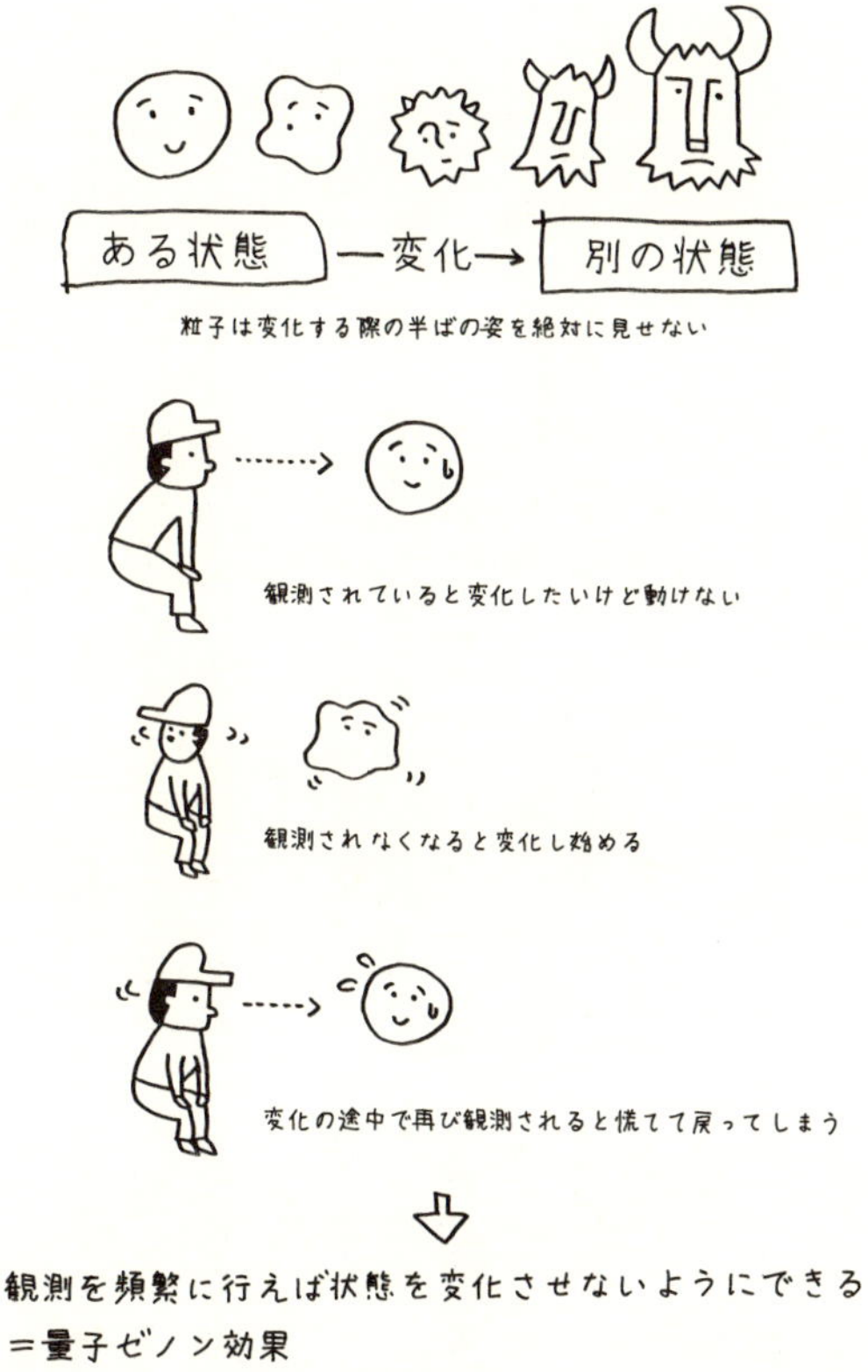
ある状態
変化
別の状態
粒子は変化する際の半ばの姿を絶対に見せない
観測されていると変化したいけど動けない
観測されなくなると変化し始める
変化の途中で再び観測されると慌てて戻ってしまう
観測を頻繁に行えば状態を変化させないようにできる
＝量子ゼノン効果

ずのうちに、量子的振る舞いをしていると言えるのです。つまりムクはああ見えて知らず知ら

観測してやると、慌ててお座りポジションに戻ります。

女子高生にしても、仮に観測者である男子が、女子の着替え開始直後に侵入を狙い更衣室の鍵のピッキングに着手した場合、不審な動きを察知した女子はドアが開くころ（観測者が観測を行うころ）には元のセーラー服姿に戻ってしまっているはずです。これを繰り返せば、かわいそうに女子生徒たちは変化できずにずっとセーラー服のままでいることになります。ようするに観測を頻繁に行えば、体操着への変化は妨げられるということなのです。

ただし、ある程度時間が経った後に侵入を図ると、今度は女子たちは「セーラー服に戻るよりも着替え終えてしまった方が早い」と判断し、体操着姿で現れる確率が高くなります。

つまりミクロの粒子も「Aに近い状態」のときに頻繁に観測を行えばAのままでいるけれど、しばらく放置してから観測をするとBの状態で発見される確率が高くなる、ということです。

いかがでしょう。ミクロの物質の奇妙な振る舞いと量子ゼノン効果について、わかりやすいたとえ話できっと見事に理解していただけたかと思います。

一応念のため補足しておきますが、量子ゼノン効果はミクロの世界限定で起こる現象です。

女子高生のケースでは、まれに「露出が趣味」という子がいたとしたら、男子に観測されているにもかかわらず変化という名の着替えをはじめる尊い生徒がいるかもしれませんし、うちのムクも機嫌とお腹の減り具合によってはいくら私が見ていようとも暴走戦車となってドッグフードに突撃することがあります。

ですからミクロの世界の現象が人間や動物のような大きなものに必ずしも適用されるわけではないけれど、視覚的に想像しやすくするためにそういう例を出しているということをご理解ください。

それでは、次は量子論の中でも目下議論沸騰中の、「見ていないときの粒子の状態」についての様々な解釈について探っていくことにしましょう。

量子論――その③
「重ね合わせ」

量子ゼノン効果により判明したことは、「あるものの状態を変化させたくなければ頻繁に観測をすればいい」ということです。

たとえば愛する彼女が心変わりして自分から離れていきそうな気配を感じたら、なるべく頻繁な観測を心がけるようにしましょう。通勤時も電柱の陰に隠れるなどして常に彼女を見守り、時にはドアの郵便受けから部屋の中をのぞき、盗撮や盗聴やGPS探知などの最先端科学技術も駆使して彼女から目を離さないことを心がけたなら、それは相手を変化させないというより逆効果、**むしろ逮捕されるでしょう。**ダメですよ、そんなことをしては。

まあようするに、前項の最後でも述べた通りミクロ（目に見えない）の世界に対してマクロ（目に見える）の世界でも量子ゼノン効果が働くかというのは時と場合によりけりということです。

さて、素粒子というのは粒子と波の2つの性質を持っています。ところが、それを見ようとしてしまうととたんにただの粒子になり、波の状態で発見されることはありません。

そこで、「波の状態の素粒子とはどのようなものか」という疑問が残ることになります。原子核の周りに存在する電子はひとつの粒ですが、その電子が単独でどうやって波を作るのか。観測していないときに電子はどのような状態になっているのでしょうか？　ひょっとして、やっぱり鶴（おつう）がはた織りをしているのでしょうか？

現時点では波になっている電子の姿を調べるのは不可能ですが（なぜなら観測した瞬間に収縮してしまうので）、「見ていないときに電子がどうなっているか」については、現在量子論ではひとつの主流となる考え方があります。一応言っておきますと、「おつうがはた織りをしている」という考え方は**主流ではありません。**支流ですらありません。当たり前です。

実は量子論では、「素粒子というものがどういう特徴を持っているのか」についていくつか異なった考え方があり、このことを「解釈問題」と呼んでいます。

その中で最も多くの支持を集め、真実に近い最右翼だと言われているのが〝コペンハーゲン解釈〟というものなのですが、そのコペンハーゲン解釈による「見ていないときの電子の状態」についての考え方は次のようなものです。

誰にも観測されていないとき、電子は1カ所にあるのではなく、「A地点にいる」という状態と、「B地点にいる」という状態が**重ね合わせ**になっています。A地点とB地点だけでなく、C地点やD地点にH地点、**存在する確率があるすべての位置において、ひとつの電子が重ね合わさっている**のです。

ひとつの電子が「分割されている」ということではありません。なにしろ電子は「これ以上分解できない最小単位の粒」である素粒子だからです。

じゃあどういうことですか？

もしかして、「A地点とB地点の、両方ともに同時に存在する」ということですか？……

いいえ、そうではありません。そうではなく、重ね合わせなのです。

それなら、「A地点とB地点の間を超高速で移動していて、本当は一瞬一瞬はどこか1カ所にしかいないのに錯覚で両方にいるように見えている」ということですか??……いいえ、それも違います。そうではなく、**重ね合わせなのです。**

とにかく、重ね合わせなのです。**重ね合わせといったら重ね合わせなのです。**

位置についてもそうですが、この〝重ね合わせ〟の概念は状態の変化にも適用されます。

素粒子や原子がいろいろな形に変化する可能性がある場合、誰かが見ているときはそのうちのどれかひとつの確定された姿をしていますが、観測をしていないときには**可能性のあるすべての状態が重ね合わせになっている**と考えるのです。「セーラー服でありながら体操服でもあり、**同時にnon－no系の私服でもありながらさらにはスクール水着でもある女子生徒**」のような、そういう**想像もつかない摩訶不思議な重ね合わせの姿**に、観測していないときにはなっているというのです。

これはなにか、亡霊のようなものでしょうか？　まさかニュートンの時代から400年も後の現代物理において、こんな曖昧な解釈が多勢を占めていようとは驚きです。

しかしどうでしょう。誰にでも経験があると思いますが、たとえばα《あるふあ》ちゃんとβ《べーた》ちゃんという2人の女の子を同時に好きになり、うまくやりくりして2人ともとデートを重ねたとしましょう。

時が経ち、しめたことに今では2人はそれぞれ僕のことを彼氏だと思っているようだけど、でも僕としては両方とも好きだし両方とつき合っているようでしかしどちらとも正式にはつき合っていないようで、願わくばこのままのぼんやりした状態が続けばいいなあと思ったりしている、その**ぼんやりした状態**のこと、それを「**αちゃんとつき合っている**」という状態と「**βちゃんとつき合っている**」という状態の**重ね合わせ**だと言えそうではありませんか？

正直言いまして、そんなふうに女性を尊重しない行動を取る男を私は**許せません。**だいたい、それは重ね合わせではなくただの二股です。

なお、重ね合わせの状態にある素粒子は**観測者が見ようとした瞬間に確定した姿になります。**そのときに素粒子がどのような状態で現れるかというのは確率で示すことはできますが、確率以上の根拠はなく、それは**誰かが見た時点でぱっと決まる**ようになっています。

再びドッグフードの前のムクに着目し、「もしもムクが素粒子だとしたらコペンハーゲン解釈的にはこういう振る舞いをするだろう」という想像をしてみます。

もしもムクが素粒子だったなら、おあずけ中のムクは主人である私が後ろを向いているとき（観測していないとき）には、「律儀におあずけをしているムク」と「つまみ食いをしているムク」が**重ね合わせの状態**になっているということになります。どちらか一方ではなく、**1匹のムクであるのに同時に両方の状態であるという重ね合わせの姿**です。

その重ね合わせのムクは観測者たる私が振り向いた瞬間に重ね合わせ状態が解かれ、ひとつの確定したムクとして登場することになります。

そのときにどちらの状態で現れるかというのは、確率で表すことしかできません。ムクの特性を鑑みるにおそらくつまみ食い状態で発見される確率が高いと思われますが、あくまでも観測をするまでは**どちらでもありどちらでもない重ね合わせの状態**で、見た瞬間にどちらか一方にサイコロを振るように決まるのです。

なお、素粒子は観測したことにより位置や状態が特定されても、観測をやめるとまた曖昧

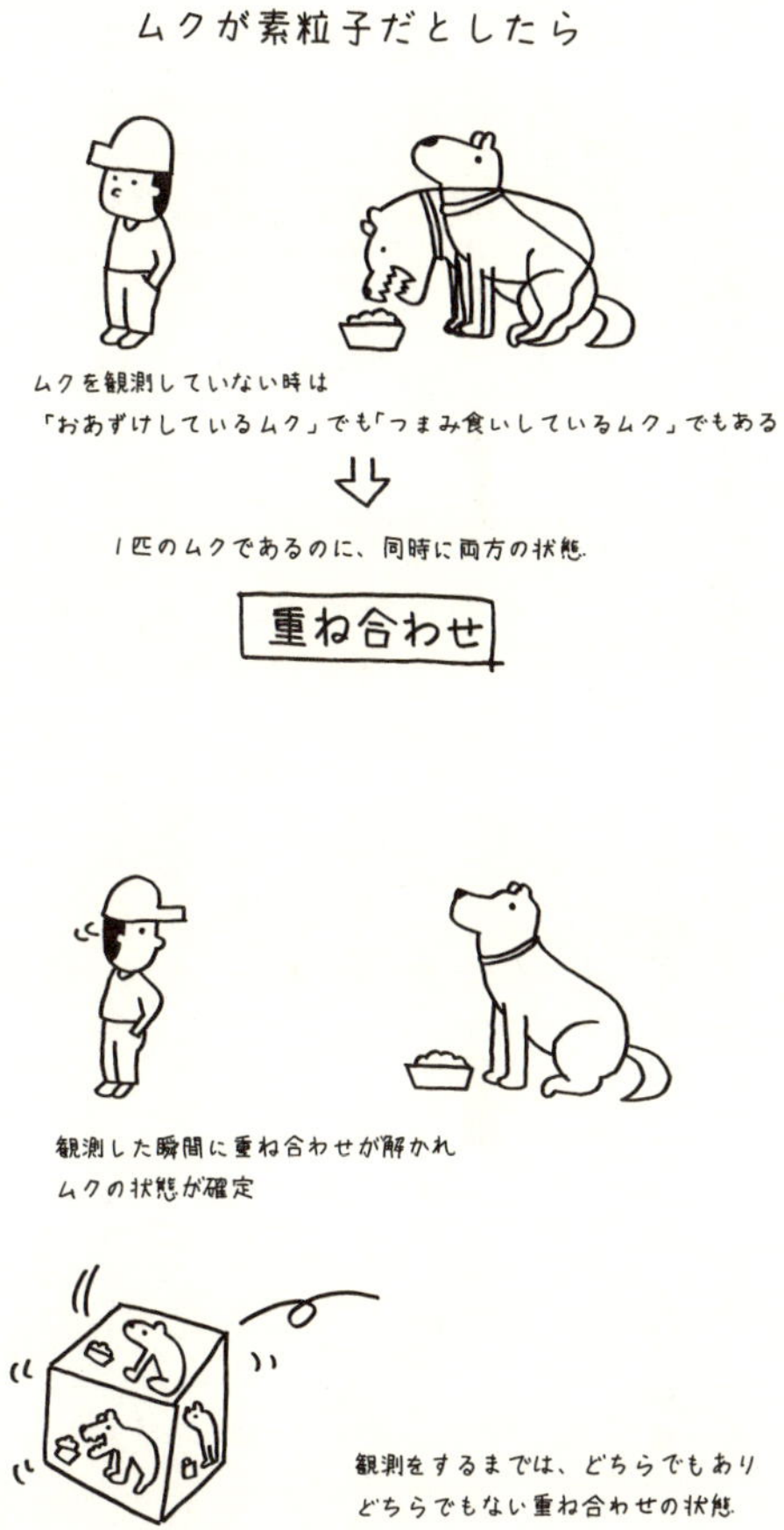
ムクが素粒子だとしたら
ムクを観測していない時は
「おあずけしているムク」でも「つまみ食いしているムク」でもある
1匹のムクであるのに、同時に両方の状態
重ね合わせ
観測した瞬間に重ね合わせが解かれ
ムクの状態が確定
観測をするまでは、どちらでもあり
どちらでもない重ね合わせの状態

な姿に戻ります。すなわち、一度ムクを見た私がまた後ろを向くと、その時点で**再びムクは重ね合わせのムクに戻る**のです。

このような考え方が〝重ね合わせ〟という素粒子の振る舞いなのですが……、どうでしょう、「このような考え方」と言っても、**結局なんだかよくわかりませんね。**

しかし、現実として現代物理の一翼を担う量子論の、これが主流となっている考え方なのです。

そもそも、量子論に多大な貢献を果たした物理学者であるリチャード・ファインマンは、「量子論を利用できる人間はたくさんいるが、量子論を理解しているやつは誰もいないだろう」と述べたそうです。ということは、一通り量子論の解説を聞いた結果やっぱりちんぷんかんぷんだったとしても、いっこうにかまわないのです。

だいたい理解している人間が誰もいないとすれば、当然これを書いている私だって量子論を理解していないことになります。それならば、**量子論を理解していない人間が書いているこの本を読んで、みなさんが量子論を理解できるわけがないのです。**だから、「なんだかよくわからないよ」という、その気持ちでいいのです。わからないのは決して著者の文章力のせいではありません。**悪いのは私ではありません。量子論が悪いのです。**

ちなみに、この量子論での「重ね合わせ状態」を、英語では〝スーパーポジション〟といいます。

「ポジション」とは「位置」のことなので、つまり普通のマンを超越した存在がスーパーマンであるように、普通の「位置」というものを超越した位置がスーパーポジションなのです。

どうですか？　なんとなく、「わけわからないからとりあえず〝スーパー〟ってつけとこうぜ」という、**命名時の安易な意図**が感じられませんか？

いよいよ不気味に感じられる量子論ですが、次はその不気味な世界の不気味大将ともいえる、〝多世界解釈〟についてお話をしたいと思います。

量子論——その④
「多世界解釈」

少しだけ、〝重ね合わせ〟の復習をさせてください。

みなさんは、夢の国に行ったことがありますか？

夢の国には、「Mッキーマウス」という人気者のマウスがいます。実験用マウスではありませんよ。

Mッキーは、一見ぬいぐるみのような姿をしていますが、決して中にキレの良い動きをするおねえさんが入っているわけではなく、あくまでMッキーという1匹の生き物です。

だから、夢の国では複数の場所に同時にMッキーが現れることはありません。…………いえ、ありませんでした。かつてはそのポリシーはかたくなに守られていたのです。

ところが、最近はどうもそうでもないみたいです。「Mッキーの家」というアトラクションでMッキーと仲良く記念撮影をして、外に出てみるとアレッ!?　なぜかここにもパレードに絶賛出演中のマジカルMッキーがいるよ？　そんな、どうしてMッキーがあっちにもこっちにも……！　というように、子どもたちが混乱してしまう状況が発生しているようです。

しかし、これは考え方の問題なのです。

実はこのときMッキーは量子的振る舞いをしており、**重ね合わせの状態にある**と考えればすべてが解決するのです。Mッキーが何人もいるのでは断じてありません。Mッキーは、**可能性のあるすべての位置に重ね合わせのMッキーとなって現れている**のです。

重ね合わせの状態は観測された瞬間に解かれるわけなので、つまり今あなたの目の前にいるMッキーこそが、**あなたが見たことにより状態が確定されたMッキー**なんです。あなたがパレード中のMッキー（B）を見ているときには、家の中のMッキー（A）は消えているのです。あなたが記念撮影を終えMッキー（A）から視線を外した一瞬のうちにMッキーはAの位置とBの位置に重ね合わせの存在となり、次にあなたが見たことにより今度はMッキー（B）という状態で確定しパレードに登場しているわけです。

どうですか。量子論を使えば、このようにディズニーの矛盾まであっさりと解決することができるんですよ。最新の物理学ってすごいでしょう。

それでは、これから「量子論における夢の国」とも呼べる〝多世界解釈〟についてお話ししたいと思います。

まず、〝シュレディンガーの猫〟という有名な思考実験から紹介することにしましょう。

ここまでたびたびミクロの粒子の振る舞いを人間や動物にたとえてきたわけですが、やはり原子や素粒子などの「ミクロの世界」と、肉眼で見ることができる「マクロの世界」を同じように考えるとおかしなことになりそうだというのが、量子論が直面するひとつの課題です。その課題をわかりやすく指摘したのが、物理学者シュレディンガーさんが発案したシュレディンガーの猫の思考実験です。

〝思考実験〟というのは、実際に行うのは難しいので「もしこういう実験をしたとしたらどうなるだろう」と頭の中でシミュレーションをする実験のことです。私も「某アキバ系アイドルグループの中の誰かと結婚するとしたら、誰を選べば最も幸福な家庭が築けるだろう？優子ちゃんかな……敦子ちゃんかな……」という思考実験などはたまに行います。頭の中だけとはいえ、実験を行うと意外とリアルな結果が想像できるものですよ(笑)。

さて、肝心のシュレディンガーの猫実験ですが、まず、箱の中に1匹のタマちゃんと、毒ガスを発生させる装置、そして一粒の素粒子を入れます。

毒ガスの装置は、一緒に入れた素粒子がジキルという状態のままならなにも反応しませんが、ハイドという状態に変化すると狂暴化してガスを出します（「ジキルとハイド」でなくても、「AとB」でも「甲と乙」でも「ヒデとロザンナ」でもなんでもいいですが)。ようするに、素粒子の状態が変わらなければタマちゃんは生きますが、状態変化すればタマちゃんはご臨終なさってしまうというわけです。

はっきり言って、頭の中だけとはいえ**実験内容が残酷過ぎますね。**こんなタマちゃんの尊厳を無視した残酷な実験を考えて平気でいられるなんて、物理学者というのは若干精神が歪んでいるのではないかという疑念が浮かびます。

さて、この実験においてもコペンハーゲン解釈の〝重ね合わせ〟という概念を用いるならば、観測者が箱を開けて中身を見るまでは、素粒子はジキルでもなくハイドでもなく、「ジキルという状態とハイドという状態の重ね合わせ」であることになります。そして、素粒子が重ね合わせになっているならば、毒ガス装置も同じく「ガスを出している」という状態と「ガスを出していない」という状態の重ね合わせであり、さらにはタマちゃんも「生きているタマちゃん」と「お亡くなりになったタマちゃん」の重ね合わせの状態であるということになります。「どちらかに決まってはいるけど箱が開いていないからわからない」ではなく、あくまでも**「箱を開けるまでは結果が決まらない」**のです。

しかし、バタリアンでもあるまいし常識的に考えてタマちゃんほどの大きな物体が「生死が重ね合わせ」という状況はあり得ません。つまり、コペンハーゲン解釈では、この〝シュ

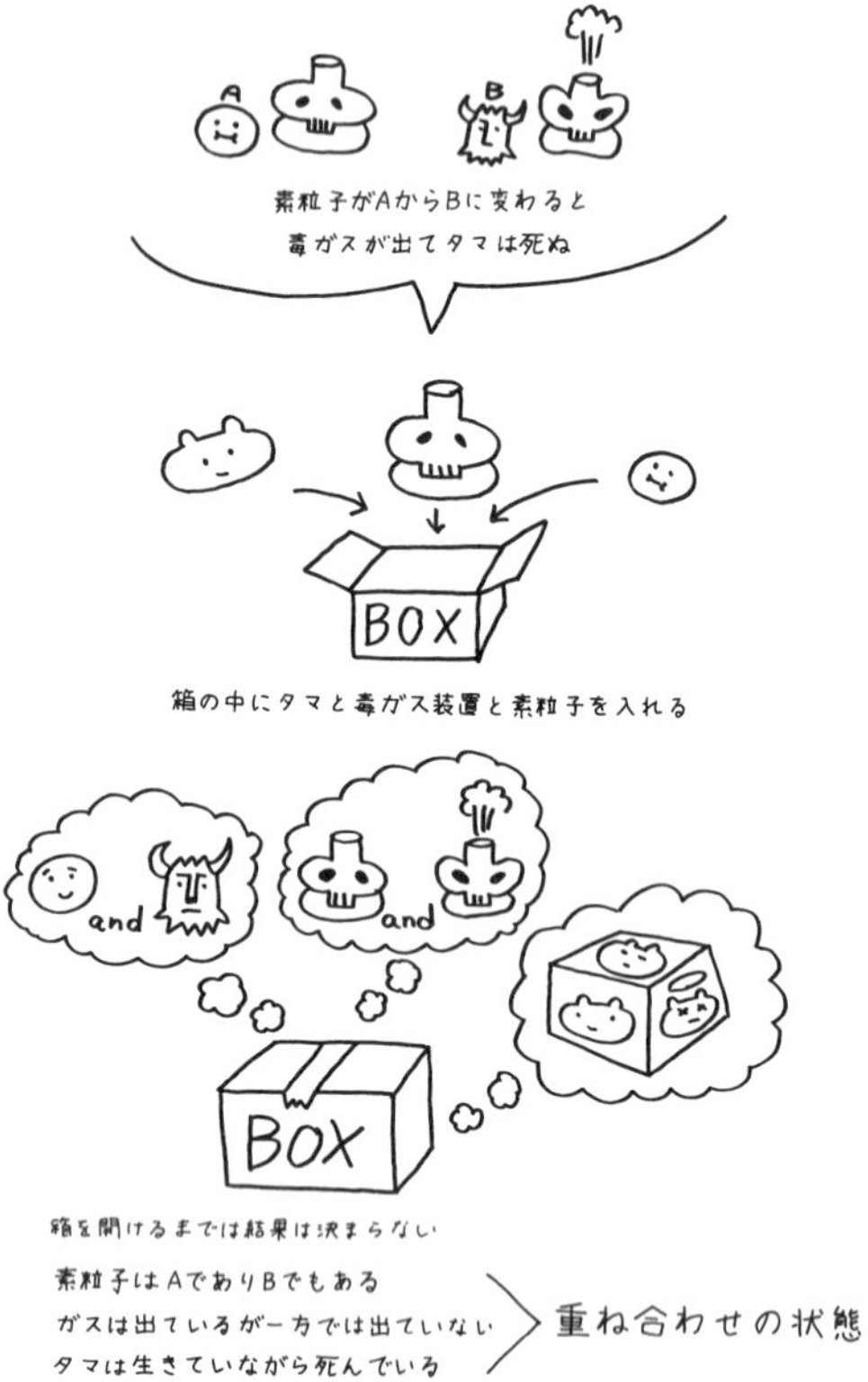
A
B
素粒子がAからBに変わると
毒ガスが出てタマは死ぬ
BOX
箱の中にタマと毒ガス装置と素粒子を入れる
and
and
BOX
箱を開けるまでは結果は決まらない
素粒子はAでありBでもある
ガスは出ているが一方では出ていない
タマは生きていながら死んでいる
重ね合わせの状態

レディンガーの猫〟の実験に対して理に適った答えを示すことができないのです。

そこで、このタマちゃんの実験結果や「波の状態の素粒子」について、矛盾なく説明できる新しいアイデアとして〝多世界解釈〟が登場したのです。

多世界解釈とは、「選択肢の数だけ宇宙が枝分かれしていく」という考え方です。

ドラえもんのひみつ道具に〝もしもボックス〟というものがありますよね？　たとえばボックス内の公衆電話に「もしも魔法が使える世界になったら？」と話しかけると、その瞬間に実際に魔法が使える世界が誕生するのです。

もしもボックスの場合は、たとえ「もしもの世界」から現実に戻ったとしても、作り出した魔法の世界は現実世界と並行し、**パラレルワールド**としてそのまま存在していくことになります（この概念を童心に戻ってわかりやすく学びたい方は映画『ドラえもん　のび太の魔界大冒険』をご覧ください）。

まさしく多世界解釈というのは、このもしもボックスと同じ発想です。……というより、もしもボックスが多世界解釈と同じ発想です。

コペンハーゲン解釈が「A地点にいる電子」と「B地点にいる電子」が重ね合わせの状態だと考えるとき、多世界解釈では**「電子がA地点にいる宇宙」**と**「電子がB地点にいる宇宙」**というように、**宇宙が2つに分かれる**ことになります。シュレディンガーの猫の実験に当てはめれば、素粒子を入れて箱を閉じた時点で**「毒ガスが発生しないでタマちゃんが生きている宇宙」**と、**「ガスが発生してタマちゃんがお亡くなりになってしまう宇宙」**の2つに分岐するということになります。そして、観測者である私たちをはじめ**この世界のすべての物体がそれぞれの宇宙に分裂して存在していく**ことになるのです。

支持の多さはコペンハーゲン解釈に譲りますが、パラレルワールドなどというものが登場するこの多世界解釈も、物理の世界で実際に議論されていることなのです。

宇宙がいくつも生まれるなんて、とんでもなく奇想天外な考え方のように感じるかもしれませんが、そんなことはありません。

だって、現に宇宙はあるじゃないですか。ビッグバン直前の、1ミリメートルの1兆分の1のさらに1兆分の1のさらに1千万分の1以下というミクロ中のミクロの点から、この宇宙は生まれたのです。そんな一粒の点からこの宇宙が生まれたのならば、宇宙って**意外となにかの手違いで簡単にできちゃうものだ**という気がしてきませんか？

それならば、今この瞬間にも素粒子の変化の可能性に応じてばんばん新しい宇宙ができていっているとしても不思議ではないのです。

毎日毎日新しい宇宙が生まれているとすれば、**その数だけ私たち人間もパラレルワールド**

に分身を作っていることになります。そう考えれば、たとえ今の自分が不幸な境遇にあるとしても、決して悲観的になることはありません。

たとえば今の宇宙で、Aくんという男性が暇さえあればインターネットばかりやっているどうしようもない非モテのニートさんだったとしましょう。彼女いない歴＝年齢という、辛い人生を送っているかもしれません。

しかし、それは今いる宇宙だけの話です。もしかしたら別の宇宙でのAくんはインターネットなどやらず、朝から晩まで**ひたすら美少女アニメばかり見ている非モテのニートさん**なのかもしれないのです。その上またさらに別の宇宙のAくんは、ネットにもアニメにも興味はなく**モンスターハンターを8000時間くらいやり込んでいる超ゲーマーな非モテのニートさんなのかもしれないのです。**

…………。

いやあ、どの宇宙のAくんも、**非モテのニートであるところは一切変わっていませんね（涙）。**

もうちょっと希望を持っていきましょう。たとえば今の宇宙での自分が貧乏で孤独で辛い毎日を送っているとしても、**どこか別の宇宙の自分はベンチャー企業を立ち上げて年商100億円を達成し、美人女優と結婚して最高に充実した暮らしを送っているかもしれないので**

す。

どうですか？　「きっと別の宇宙での俺は充実した人生を歩んでいるんだ！」と考えて自分を励ますというのは、**実にみじめな行為だと思いませんか？**　そんなくだらない妄想をする暇があったら、少しでも今の宇宙の自分を成長させるようにがんばる方がいいと思います。

なお、この多世界解釈という考え方が正しいかどうかについては、残念ながら分岐した宇宙はお互いの物理的なつながりがまったくないため、交流はもちろん存在の証明すらもできません。とはいえ、量子論の中でコペンハーゲン解釈では回答が難しい部分を、多世界解釈ならば矛盾なく説明できることも事実なのです。

さてここまで、ほんの入り口をのぞいただけに過ぎませんが、量子論の世界の話はいかがだったでしょうか。

ミクロの領域には、まだまだ解明されていない謎がいくつもあります。謎の多い素粒子の世界、その謎の多い素粒子によって構成されているのならば私たち人間もまた、実に謎の多い存在だと言えるのでしょうね。

chapter6

タイムマシン

たい・むましん

time machine

タイムマシン――その①
「閉じた時間的曲線の存在可能性」

みなさんには、「消してしまいたい！」と思うような恥ずかしい過去はありますか？

私にはあります。

そうあれは数年前の出来事です。当時私は憎いコレステロールと戦うため毎週スポーツジムに通っていたのですが、ある日ベルトコンベア式のランニングマシンの上でドタバタと走っていたところ、怨霊にでもつまずいたのかなぜかいきなり足がもつれて**マシンの上で激しく転倒**しました。

大きな音を立ててベルトの上に背中から倒れた私は、そのまま仰向けの姿勢でウィーンと後方に運ばれ、やがて後ろのマシンとの隙間の床にポイッと投げ捨てられました。

今でも、鮮明に覚えています。仰向けの体勢で1人見た、天井の蛍光灯のまぶしさ。起き上がったときの、周りの見知らぬスポーツマンたちが**全身全霊で笑いを堪《こら》えながら見て見ぬ**

ふりをしていたあの屈辱の光景。

わかります。きっと私は、名も知らぬ若い彼らの**次の飲み会での爆笑ネタ**になるのですね。一度のネタだけではありません。飲み会のメンバー構成が変わるたびに、彼らは歴史の証人としてこの日の私の醜態をいつまでも語り継いでいってくれることでしょう。

……そして私は、ジムを退会しました。

私はあの日の辱めを、**過去に戻って消し去りたい。**

もしもタイムマシンが発明されたなら、私は真っ先にあの恥辱の日に戻ります。そして自転車でジムへ向かう途中の自分を真横から蹴り倒し、骨折させてでもその日のトレーニングを断念させます。

このような経験があるのは、なにも私だけではないと思います。

苦い経験のあるなしにかかわらず、誰もが一度は「過去に戻りたい」と思ったことがあるのではないでしょうか？

「タイムトラベルはできるのか」という問題を専門用語ではカッコつけて〝閉じた時間的曲線の存在可能性〟という言い方をするのですが、このテーマは意外なことに多くの物理学者たちが真面目に議論をしています。

もちろん、タイムトラベルというのは一筋縄でいく研究課題ではありません。なにしろやっかいなのは、未来はさて置きどうやったら過去の世界へ行けるのかということです。これが本当に難しいのです。

むしろ未来へのタイムトラベルは簡単と言えば簡単です。賢明な読者の方ならば、私たちが未来へ行く方法についてはおおよそ見当がついているのではないでしょうか？

もちろん、相対性理論を使うのです。

亜光速のスピードが出る宇宙船を作れば、理論上は100年後にも200年後にも旅することは可能です。たとえば光速の99・999パーセントのスピードで宇宙を半年ほど旅して帰ってくれば、そこは100年後の未来の地球です。

今から100年後の22世紀には、日本の街並みはいったいどうなっているでしょうか？　ひとつ言えるのは、東京都台東区の某商店街には**10年以上前から毎日「閉店セール」を謳って粗悪品のカバンや靴を売っているあこぎな店**があるのですが、あの店だけは間違いなく**100年後も変わらず閉店セールを続けている**に違いありません。100年の時にも怯《ひる》むことのないあこぎな店ですからあれは(涙)。

ともあれ、しかしこの方法はあくまで未来への**一方通行**です。未来に行くことはできますが、帰ってくることができません。

「帰ってくる」というのはようするに未来の時点からすれば「過去に行く」ということで、この過去へのタイムトラベルがとにかく難解なのです。

過去への旅行、つまり〝閉じた時間的曲線の存在可能性〟について、具体的に提案された方法もあります。

たとえば、**「1メートルあたり地球の数百倍の質量がある無限大の長さのひも（コズミックストリング）を2本用意して亜光速で動かし、さらにその周りを光速のロケットで回る」**ことができれば、理論上はタイムトラベルが可能になるらしいです。

うーんしかしねえ、みなさんこれを聞いて「なるほどできそうだな」と思いますか？

はっきり言って、地方のソーイングショップはもちろん、**東急ハンズクラスの大手でもなかなか地球より重くて長さが無限大のひもは取り扱いがありませんよ？**　むしろそんな怪異なひもを用意することがタイムトラベル自体より難しいんじゃないでしょうか。**たとえ科学が発達してタイムトラベルができるようになったとしても、長さ無限大のひもを見つけることだけはできないんじゃないかと思うのです。**

そもそも宇宙自体が有限なのにどうやったら無限大のひもなんて用意できるというんでしょうか。それを用意して、しかも亜光速で動かすほどの苦労をしてまで行くところなのでしょうか、過去というのは。

また、次の方法としては、「ワームホールを使う」という手があるようです。

ワームホールとは宇宙空間に浮かんでいる（かもしれない）という対《つい》になった穴のことで、一説ではブラックホールがその片側の入り口であるとも言われています。

このワームホールは、お互いの距離がどれだけ離れていようとも片方から入ればたちまちもう片方から出てこられるという、なんとも不思議で都合の良い穴です。そして、空間だけでなく**時間的にも離れた2点を結ぶワームホール**があるとすれば、理論上はタイムトラベルが可能になるということです。

はたまた別の方法は、**太陽の何倍もの質量を持ち1秒間に数十億回回転している筒の周りを超高速で回れば**、これまた理論上はタイムトラベルが可能になるそうです。

しかし……、これらの仮説を聞いて、私は思うのです。

無限の長さのひもや1秒に数十億回回転する筒やワームホールという、あるのかないのかわからないもの（むしろ多分ない）を仮にあるとして「理論上は可能である」と言うのは、**それは全然理論上可能であることになっていない**と。

それならいっそのこと、**「仮にタイムマシンが存在するとしたら理論上タイムトラベルは可能である」**と言っておけばそれでいいじゃないですか。だいたい同じようなことですよね？

未来へは光速船で宇宙へ行けばタイムトラベルができる

現時点で過去へのタイムトラベルの方法は見つかっていない

結局、現時点で過去へのタイムトラベルに関して現実的な方法は見つかっていないということですが、ひとつだけ風変わりなものとして、「時間はループしていて、**ものすごく先の未来に行けば1周して過去へ戻ることができる**」という考え方があります。

ものすごく先の未来というのは1000年、2000年ではなく何千億年という単位の話のようですが、しかしそれならば、相対性理論を利用して未来へ行くのと同じ方法で過去へ行けることになります。

とはいえ、安易にその説を信じて、過去へ行くためにはるか未来へ思い切って旅立つのは危険だと思います。いざ5000億年くらい未来に行ってみて、**やっぱりループしていなかったらどうするんですか。**

その時点でもう過去に戻ることはできませんし、地球や太陽なんてほんの50億年後にはなくなっていますから、もはやそのまま**宇宙ホームレス**として無限の空間をさまようしかなくなってしまいます。

ただ、一応それでも**台東区のあこぎな店だけは5000億年後もしぶとく閉店セールを続けているでしょうから**、宇宙に漂うそのお店に行ってウィンドウショッピングでも楽しめば、よい暇潰しにはなるかもしれませんね（商品は粗悪品なので買ってはいけません）。

ただ私は思うのですが……、たしかに、今現在タイムマシンが発明されたという話は聞きません。でも、話を聞かないからといって、発明されていないとも限らないのではないでしょうか。

だって、よく考えてみてください。もしあなたがタイムマシンを発明したとしたら、**人に言いますか？**

私だったら、絶対に秘密にしておきます。秘密にしたままとりあえず未来に行って為替相場と世界の企業の株価データを入手して、戻って投資をはじめて100京円くらい稼ぎます。

そうかと思えば今度は過去に行き、かつて私の恋敵となったイケメンたちに**夜陰に乗じて襲撃をかけます。**あわよくば好きだった女性にも私が同じように襲いかかりますが、それを当時の自分に助けに来させ、「アレーやられたー」と言って私は未来に帰ります。そうすれば証拠も残らず自分は惚れられ、見事に一件落着ではないですか。

このように、タイムマシンというのは**アイデア次第で**実に効果的に利用できるものなのです。でももしその発明を公表してしまったら、私のような卑劣な悪事を防ぐためすぐに各種規制が設けられてしまい、好き放題ができなくなってしまいますよね。だからタイムマシンを発明しても、それは自分の胸の中だけにしまっておく方がいいのです。

……………どうかみなさん、**私がタイムマシンを発明することがないように祈っていてください。**

宇宙論で有名なスティーブン・ホーキング博士は、どちらかというとタイムトラベルの可能性に否定的で、「我々の周りに未来からの旅行者がいないのだから、タイムマシンなんて作れないということだ」と発言されたそうです。

でも、誰が未来からの旅行者かなんて、わかりませんよね？

たとえば、私の家族や友人が未来からのタイムトラベラーではないという証拠は、どこにもないではありませんか。

……しかしまあ、そうは言ってももし私の家族や友人が未来からの旅行者だったとしたら、**何十年ものんきに私の家族や友人をやっていないでとっとと未来に帰っているでしょうけどね(涙)。**

でもそう考えるとなんだかつまらないので、世界各地で目撃されているUFO、あれに乗っているのが未来から来た地球人だということにしておきましょうか。せめて夢は見ていたいですものね。

補足
過去へのタイムトラベルの方法についてですが、物理学者の中にはワームホールを「宇宙のいたるところに存在する」と断言する方もいます。ただし、まだひとつも見つかっていませんし、それがあったとしても巨大な重力のせいでワームホールの入り口はすぐに閉じてしまい、人が通れるものではないと言われています。

タイムマシン――その②
「親殺しのパラドックス」

過去へのタイムトラベルについては現状有効な手立ては見つかっていませんが、過去に行くのではなく、「過去を見る」ということでしたら簡単です。

光の章でもお話ししましたが、私たちが見ている太陽は今現在の姿ではなく、８分前の過去の太陽です。オリオン座のベテルギウスは地球から５００光年（光が５００年かかって進む距離）ほど離れた位置にありますから、私たちが見ているのは今からおよそ５００年前のベテルギウスの姿です。

つまり天体望遠鏡をのぞけば、そこに見えるのは過去の世界なのです。

ということは裏を返せば、今この瞬間にベテルギウスから見える地球は、**５００年前の地球の姿**ということになります。

もちろん地球は太陽と違い暗い星であり、そのうえ大気や星間物質も光の進行を邪魔しますが、もしごくわずかな光も逃さず集められる高性能で大口径の望遠鏡があれば、地球の過去の様子を細部まで観察することが可能です。

もしもベテルギウスあたりに知的生命体が住んでおり、彼らがその超高性能の望遠鏡で地球を眺めたとしたら、日本なら**戦国時代の様子**を見物することができるわけです。

そうなったら、もう毎日地球を見るのが楽しくて仕方がないでしょうね。望遠鏡をのぞけばそこは様々な歴史的シーンが繰り広げられる娯楽の世界です。織田信長が今川義元を討ち取った桶狭間《おけはざま》の戦いなどは、見ている方としてはある種**ドッキリ番組**のような感覚でしょう。旅行中に突然謎の武者軍団に襲われた今川義元さんのナイスなびっくりリアクションは、遠く離れたお茶の間のベテルギウス人家族に大爆笑を届けるに違いありません。ただし仕掛け人の織田信長は、プラカードを掲げて「ドッキリ大成功！」と言うのではなく**義元の生首を掲げて「奇襲大成功！」と宣言しますので、**小さなお子様がいらっしゃるご家庭ではチャンネルを変えるようにしましょう。

同じようにして、１８００光年先にある白鳥座のデネブから地球を見れば邪馬台国《やまたいこく》の所在地が確認できますし、おうし座のヒヤデス星団は地球からの距離がおよそ１５０光年ですので、超高精度の望遠鏡をのぞけば坂本竜馬暗殺の真犯人がわかります。

私なら、そこまで高性能で過去がのぞける望遠鏡があるとしたら、なにをおいても**クレオ**

パトラや楊貴妃の入浴シーンを観測します。いいえこれは決してのぞきではありません。**歴史を見つめる作業なのです。研究なのです。**

しかし現実問題として、残念ながら私たち地球人自身は地球の過去を見ることはできません。地球の500年前の姿を見るためにベテルギウスに向かったとしても、到着するまでにどう転んでも500年以上かかってしまいます。瞬間移動でもしない限り、地球の外から20世紀以前の地球の姿を見るということはできません。

こうなったら、ベテルギウスあたりに住んでいる宇宙人が地球の姿を**勝手に録画してくれている**ことを願いたいですね。案外彼らの家に遊びに行ってパソコンをチェックしたら、デスクトップの怪しいフォルダの中から**クレオパトラや楊貴妃の裏動画**なんかがあっさり見つかるかもしれません。なにしろ「スケベ」というのは全宇宙の共通語ですからね。

ところで、過去へのタイムトラベルについて検討する際には、技術的な問題と、もうひとつ**パラドックスの問題**というのがあります。

技術面に加えて、時間旅行で生まれるパラドックスをどう解決するかというのが、タイムマシンを議論するときの重要な課題になります。

タイムパラドックスの例として最も有名なものが、〝**親殺しのパラドックス**〟です。

タイムマシンに乗って、過去の世界へ行くとしましょう。そこには、自分を生む前の親がいました。では、その親を自分が殺してしまったらいったいどうなるでしょうか？

仮に親が死んでしまえば自分は生まれないことになりますので、自分が生まれなければこうして自分が親を殺すことはできません。でも親を殺すことができないとなると自分は生まれるので、そうなると自分は親を殺すことができます。でも親を殺すことができたら自分は生まれないので、親を殺すことができません。でも親を殺すことができないとなると自分は生まれるので、やっぱり親を殺すことができます。でも親を殺すことができたら自分は生まれないので、親を殺すことができません。でも親を殺すことができないとなると自分は生まれるので、親を殺すことができます。でも親を殺すことができたら自分は生まれないので、親を殺すことができません。

……………。いやあ、パラドックスって、**コピペをするだけでどんどん原稿が埋まっていくから非常にありがたいですね。**

ともかく、このどうどう巡りが〝親殺しのパラドックス〟です。過去へ行けるとなればこのようなパラドックス、矛盾が起こりうるわけで、時間旅行の可能性を切り開くためにはこれをなんとかしなければいけません。

それではこのパラドックスについて、私個人の見解を述べさせていただきますと、やはりまずなにをおいても**親を殺すな**ということです。

頭の中だけで繰り広げる思考実験とはいえ、**自分を生んでくれた親を殺そうとするとは何事だ**と言いたいです。

量子論の〝シュレディンガーの猫〟の実験では罪のないタマちゃんを殺そうとしていましたが、今度は自分の親です。**物理学者というのは本気で精神が歪んでいるのではないかという疑いがぬぐえません。** **※気のせいでしょうけど**

いいですかみなさん。

親がいなければ、自分なんてこの世に存在しないんです。

お父さんお母さんが自分を愛してくれたように、自分もお父さんお母さんを愛しましょう。

殺すなんてことは決して考えず、家族みんなで仲良く暮らしていきましょう。

………どうですか。**これで親殺しのパラドックスは解決ではありませんか。キーワードは「親孝行」です。みんなが親孝行の気持ちを忘れなければ、タイムパラドックスなんて発生しないのです。**

えっ、そんなことじゃないですか問題は？……そうでしたか、それは失礼しました。

それにしても親殺しなんていうのは最低のテーマですので、私は新しく**〝ドラえもんのパラドックス〟**を提唱したいと思います。これからタイムパラドックスについて議論するときは、この〝ドラえもんのパラドックス〟をみなさん例に挙げるようにしましょう。

ドラえもんというのは、未来の世界からセワシくんが送り込んだロボットですよね。

セワシくんは、先祖であるのび太くんがあまりにもダメ男だったせいで、そのとばっちりを受けて貧乏で辛い生活を送っています。そこで過去へドラえもんを派遣してのび太くんを優秀な人間に改造すれば、子孫である自分は楽な暮らしができるに違いないと踏んだわけです。

セワシくんは決して自分自身を成長させようとはせず、ドラえもんを過去に送りつけるだけで自分は楽してなんとかしようとするところが、さすがのび太くんの血筋ですね。

それはともかく、この一連の経緯でやはりパラドックスが起こります。

のび太くんが優秀になればセワシくんの生活は楽になりますが、セワシくんの生活が楽になったとすればセワシくんは元々ドラえもんを派遣しようとは思いません。しかしドラえもんを派遣しなければのび太くんはダメ人間のままであり、そうするとセワシくんの生活も苦しいままとなりセワシくんはドラえもんを派遣します。でもそれでのび太くんが優秀になったらセワシくんの暮らしは楽になり元々ドラえもんを派遣しようとは思わず……、というようにやはりどうどう巡りになるわけです。

さて、このようなパラドックスに対しては、現在研究者や作家によって主に3つの対応策が考えられています。

その対応策ひとつ目は、**こういうパラドックスが起こってしまうのだからタイムトラベルなんてできるわけがないのだ**というものです。

これは対応策というより、**まったく元も子もない話**ですね。夢というものを感じられません。

とっとと次にいきますと2つ目は、過去の世界というのは**パラレルワールドである**という説です。

パラレルワールドは量子論の多世界解釈で登場した、宇宙がいくつにも枝分かれしているという概念です。これは、過去ののび太くんが優秀になったとしてもそれは**「のび太くんが優秀でその子孫のセワシくんも楽な生活を送っている宇宙」が新しくできるだけ**で、その過去は自分がいる今の宇宙には影響を与えないという考え方です。

しかし、そうだとすれば、**そもそも過去へ行く意味がまったくなくなりますよね。**

仮に過去ののび太くんがあらゆる分野で急成長を遂げ、ノーベル賞を獲得し巨万の富を築

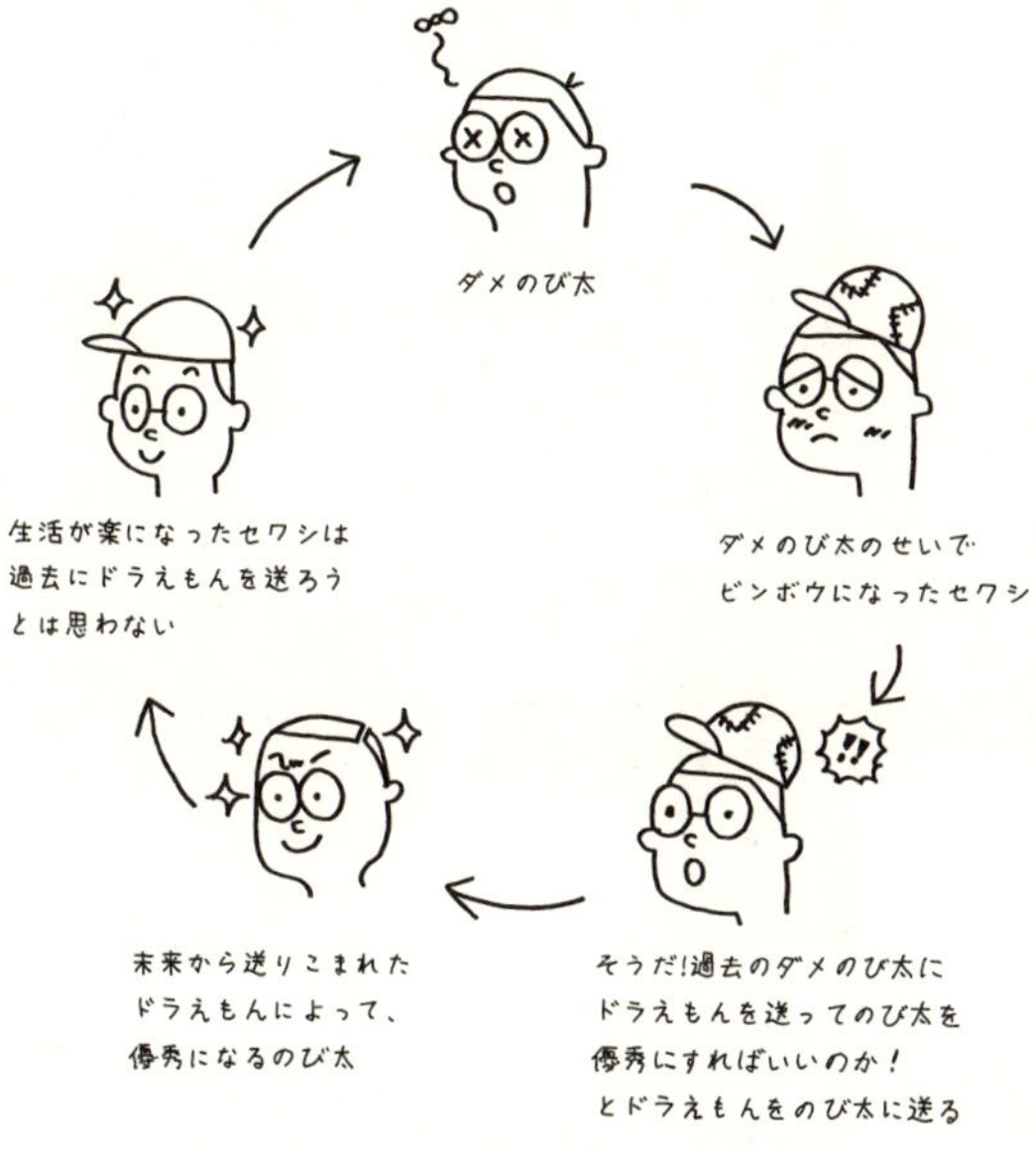
ダメのび太
ダメのび太のせいで
ビンボウになったセワシ
!!
そうだ!過去のダメのび太に
ドラえもんを送ってのび太を
優秀にすればいいのか!
とドラえもんをのび太に送る
未来から送りこまれた
ドラえもんによって、
優秀になるのび太
生活が楽になったセワシは
過去にドラえもんを送ろう
とは思わない

いてミス・ユニバースと結婚したとしても（しずかちゃんは側室にします）、それはあくまで別の宇宙のお話なので、今のセワシくんにはまったく関係のないことなのです。これまた、なんという夢のない話でしょう。

そして最後の3つ目ですが、今度は、**過去を変えようとしてもなんらかの妨害が起き、結局過去は変わらないのだ**という説です。

これはなかなか筋の通った解決方法だと思うのですが、たとえばドラえもんがいくらがんばったとしても、「歴史の流れ」すなわち運命のようなものがあらゆる方法でのび太くんを優秀にすることを妨げ、結局どう転んでもセワシくんの生活は変わらないのだという発想です。少しだけ親殺しのパラドックスに戻りますと、いざ過去に旅立って親を殺そうとしてもやっぱり良心が邪魔して実行に移せなかったり、実行に移そうとしても直前でいきなり自分が車にはねられたり、親の方が圧倒的に強過ぎて**返り討ちに**されたり、殺すつもりだったのに**話し合ってみたら親がすごいビジョンを持っていたため感動して弟子入りしてしまったり（坂本竜馬と勝海舟的なパターンで）**、とにかくどうやっても殺すことができないという流れです。

結局、どの説を取っても**どうあがいてもセワシくんの生活は楽にならない**ということが残念ながら決定いたしました。

ドラえもんを派遣することは無駄どころか、余計な経費がかかる分ますます家計は圧迫され、生活は苦しくなるばかりです。セワシくんは明らかに自分で自分の首を絞めていますね。そう考えると、どうやらタイムマシンというのは**意外と夢のない乗り物だった**ということになります。

でも、そもそもドラえもんがいるのならわざわざ過去に送らなくても、もしもボックスを出してもらって「もしも僕の生活が楽になったら」と注文すればいいだけの話だと思うのですが。フエルミラーで金塊をコピーしまくればすぐ億万長者になれますし。なんでそれに気づかないんでしょうか彼は。やはり血筋でしょうか。

だいたい、ドラえもんみたいななんでもやってくれる便利屋さんを与えるのは、のび太くんを成長させるどころかダメ人間にする一方だと思うのです。むしろ甘やかすのではなく、**どこかの厳しいヨットスクール**にでも入れて徹底的にスパルタ式でしごいてやった方が、長い目で見ればのび太くんのためになるのではないでしょうか？

えーとなんだか余計な話ばかりになってしまいましたが、結局このタイムパラドックスを避けるためにはどうしたらいいのか、もしも実際に過去へ行き、過去を変えようとしたらどうなってしまうのか……。

それはやはり、タイムマシンが発明されてみて初めてわかることなのでしょうね（無難なまとめ）。

感じる科学

chapter7

発明

はつめい

hatsumei

発明——その①
「量子テレポーテーション」

　もしも念じるだけで行きたい場所に瞬時に飛んで行けたら、とても素敵なことだと思いませんか？

　世界中のみんながもしもそんな素敵な能力を身につけられたなら、きっと航空会社や自動車メーカーやＪＲ・私鉄に勤める人たち、運送業にタクシードライバーに空港や駅周辺で働くサービス業のみなさまが**一斉に職を失い、世界は未曾有の大恐慌に襲われることでしょう。**

　そうなれば自殺者は年間１００万人に達し、失業者が町にあふれ、凶悪犯罪が横行し世界は荒廃の一途をたどるに違いありません。

　私も一応「旅行作家」という肩書きも持っており、簡単に行けないような各大陸の僻地を訪れ移動と腹痛の苦しみを書き連ねることを生業としていますので、テレポーテーションなんてことが可能になったら商売あがったりです。

ああでも、地獄の夜行バスに乗らなくて済むし下痢になってもトイレの中に瞬間移動できると想像すると、それはかなり嬉しいですおよよ……(涙)。

というわけで、タイムマシンに続いては、現代の学問がどこまで〝テレポーテーション〟の実現に近づいているか、それを科学的な視点でお話ししたいと思います。

さて、テレポーテーションの可能性に迫るには、今のところ2つの着目点があります。ひとつは**トンネル効果**、そしてもうひとつは**量子テレポーテーション**という現象です。

これらはどちらも、人間のような大きなものではなく、量子論、つまり原子や素粒子といったミクロの世界においてのみ検証されている出来事です。

でも、物事はなんでもミクロの視点から順番にたどっていくことが大事なのです。小さなもので成功すれば、大きなものもうまくいく可能性は高いですからね。私が以前おつき合いしていた女性も、最初に私に要求したプレゼントは単行本の『1Q84』やダッフィーのぬいぐるみ程度でしたが、次第にニンテンドーDSや、寝ている間に美肌に変身できるナノケア美顔器など、**大きなものの獲得に次々と成功していきました。**

そのままいろいろな物品とともに突然姿をくらました彼女ですが、私も大人になり時が経ってこうして思い出してみると、**今でもはらわたが煮えくりかえります。**

それでは大人ですし冷静になって、まずトンネル効果について注目してみましょう。

量子論では、素粒子は「存在する可能性のある（確率がある）すべての位置で重ね合わせの状態になっており、観測された瞬間に1カ所に現れる」という見方をします。

その「存在する可能性のある位置」というのは、実はものすごく広範囲に散らばっています。たとえばすご一く狭い小部屋の中に粒子を閉じ込めて観測すると、たいていはその狭い中のどこかで見つかるのですが、何度も繰り返し観測を行うとまれに**壁を越えた隣の部屋**なんかで見つかることがあります。

これは、「素粒子が現れる確率」が**ごくわずかながらも遠く離れた位置にも存在する**からです。

まるで粒子が実際にはないトンネルをくぐって移動したかのようであるためこれを「トンネル効果」と呼ぶのですが、これは素粒子が軌道を描いて動いているのではなく、あくまで「いろんな位置に重ね合わせ」の状態であるからこそ突飛な場所にパッと出てくるということが起こるのです（なんらかの軌道を描いて移動しているのであれば、壁にぶつかると止まってしまいます）。

なお、何兆回とか何京回あるいはもっと天文学的な回数の観測を重ねると、たとえば**東京にあった素粒子がリオデジャネイロで見つかる**なんてことも確率的にはあり得ます。

これはもう、完全なるテレポーテーションの世界ですよね。

そしてこのトンネル効果、なにを隠そう**人間にも同じことが起きる確率が完全に0《ゼロ》ではないのです。**もちろん、人間は素粒子の塊であるからです。

つまり、ある瞬間に人間が突然外国に、それどころか**月や火星にワープしてしまう**ということが、実際に可能性があるのです。これはかなりとんでもないことですよ。

思い起こせば私も、しめ切り直前に「今から作家として自分の持ちうる全集中力とプライドを賭けて原稿に取り組もう」と意気込んでパソコンの前に座ったのに、しばらくしてふと気づくと**駅前のパチンコ屋でCR北斗の拳を打っていた**という世にも不思議な経験がありま す。これは明らかにトンネル効果により微少な確率が拾われ、**意思に反してテレポーテーションをしてしまった**に違いありません。

とはいえ、実際のところ本当に人間が瞬間移動してしまうというのは、可能性としてはものすごくわずかしかありません。

素粒子はそれぞれ単独で動きますから、人間が偶然まるごと移動するには「人間を構成する莫大な数の素粒子がすべてたまたま同じ瞬間に同じ場所に移動する」という奇跡の中の奇跡が起こる必要があります。

ようは何千億年何千兆年という期間の中で1回あるかないかという、「0ではないけどほとんど0」という儚《はかな》い確率だったりするのです。

ということは、これをテレポーテーションとして現実的に利用できるかというと、どうも難しそうですね。

そもそも、この方法では瞬間移動にまったく自分の意思が反映されません。しかもテレポートする場所の可能性は360度すべての空間に広がっているのですから、仮に地球上のどこかに必ず移動するとしても、空中に現れて墜落死するか海の中に出現して溺死するか地中に埋まって高熱で溶けるか、**限りなく100パーセントに近い確率でテレポーテーションした瞬間に死ぬ**ということになります。そんなのはもうテレポーテーションというより人殺しですね。


そんなむごたらしいトンネル効果に対して、今度は確率まかせではなく「希望に応じてできる瞬間移動」が、量子テレポーテーションです。

とはいえこちらは、私たちがテレポーテーションという言葉から想像する内容とは、若干意味合いが異なっています。

量子テレポーテーションで移動させるものは、物体そのものではなく**情報**です。

現在素粒子だけでなくセシウムやベリリウムという原子レベルでの実験が成功しているよ

うですが、Ａという場所にある原子の、姿形《すがたかたち》や性質などの「情報」をＢという離れた位置の原子に移し、Ｂの原子をＡとまったく同じものに変えるという行為、これが量子テレポーテーションです（かなりはしょった説明ですが）。

元々転送元とは別に移動先にも原子を用意しておいて、情報だけを一方から他方に送り、他方の姿を変化させるわけです。送信元の原子は消えないわけですから、むしろこれはＦＡＸに近いものと言えるかもしれません。

ではいつかこれを人間に適用できるようになったとしたら、果たして有意義に使うことが可能なのでしょうか？

たとえば自分が勤めている会社からある日突然**タンザニア支社への転勤**を言い渡され、愛する彼女を日本に置いてしぶしぶ単身赴任をしたとしましょう。そして、あるとき遠距離恋愛となった彼女に会うため、タンザニアからこのテレポーテーションを試みたとします。

すると、自分に関するすべての情報は日本に送られ、ＦＡＸ用紙的なポジションの**自分似の他人**が、自分そっくりな人間となり自分の分身として彼女に会うことになります。

でも当然、**本当の自分はまだタンザニアにいる**ということになります。彼女と久しぶりに会ってイチャイチャしているのは、あくまで**自分の姿をした他人**なんです。なんですかそれ。このテレポーテーションは、夢見る青年をおちょくっていませんか？

まあ反対に、会いに来られる側にとっては相手は容姿だけでなく脳の構造まで同じなのですから、彼女としては実際に彼が会いに来てくれたのと同じ嬉しさを感じるかもしれません。たとえ分身といえども、彼女は心から喜んで目の前の彼もどきとイチャイチャに没頭することでしょう。**余計頭に来ますねこれは。**

本来私たちが想像するテレポーテーションというのは、人間の意思の下で、**元の物体を消滅させてそれをそのまま別の場所に出現させる**というものですよね。たとえば映画の『ザ・フライ』に登場した〝物質転送装置〟というものがそれです。

物質転送装置は、転送元の物体や人間を分子や原子レベルまで分解し、それを別の場所に送り込んでもう一度組み立てるという仕組みです。

しかしこれはもちろんフィクションの世界だからこそできるものであり、残念ながら人間を構成する1兆の1000兆倍以上の原子を寸分違わず組み立てるというのは、技術的にとても難しいことです。この先何百年、何千年と待てばいつかはできるようになるかもしれませんが……。

ちなみに、『ザ・フライ』では送信元の人間を分解するときに一緒にカプセル内にいたハエも分解してしまい、なおかつ転送先でハエと人間を混ぜて組み立ててしまったものですから、**ハエ男**が誕生してしまいました。

想像上の話ですが、もしそんなことができるのなら、私もこの際物質転送装置に**キムタクと一緒に**入り、合体して**キムタク男**となって余生を送るのもいいかなと思います。なにしろ、キムタクの要素が半分もあれば相当モテモテになるに違いありません。

しかしどうでしょう、たとえば上野動物園のパンダというのは誰からも愛されるモテモテの人気者ですが、そこで私がパンダと合体して**リアルなパンダ男**になったら、同じようにかわいがってもらえるかは疑問です。むしろ**化け物扱い**のような気がしないでもないです。となると、キムタク男となっても人間的バランスが崩れてかなり妖怪変化風の悲惨な外見になるのかもしれません。

……でもこの転送装置って、ハエ男にならないようにカプセル内の虫を徹底的に排除したとしても、**たまたま腸の中にサナダムシを飼っている人**が転送されたら、一度分解されて統合した結果**長細いサナダムシ男**として登場してしまうのではないでしょうか。ちょっといろいろと課題が多い装置ですねこれは。

さて、どうでしたか。テレポーテーションに関する研究というのは、**とても夢のある話でしたね。**

ここ何年も彼女ができないと嘆いている方も、希望を持ちましょう。天文学的な確率とはいえ、トンネル効果によりあなたはある日突然**新垣結衣ちゃんの寝室にテレポーテーション**できる可能性を持っているのですから。

その日を5兆年くらい待ってみましょう。

発明——その②
「光学迷彩」

タイムマシンやテレポーテーションと比べ、具体的にわりと近くまで実現に迫っている発明が、**透明マント**です。

透明マントというのは、それですっぽり身を包むと、周りの人間から姿が見えなくなってしまうという夢のようなマントです。余談ですが大人の羊が透明マントをかぶったら、透明マトンになります。

日本の研究室でも〝光学迷彩〟と名付けられた透明マントの仕組みが開発され、実際に東京の日本科学未来館でデモンストレーションが行われていたこともあります。

この光学迷彩の構造ですが、まずマントをかぶった人のすぐ後ろにカメラを取り付け、後ろの風景を動画で撮影します。そしてその映像をリアルタイムでパソコンに送り、そのまま前方から映写機で特殊素材のマントに風景を映し出して、透明人間の完成です。

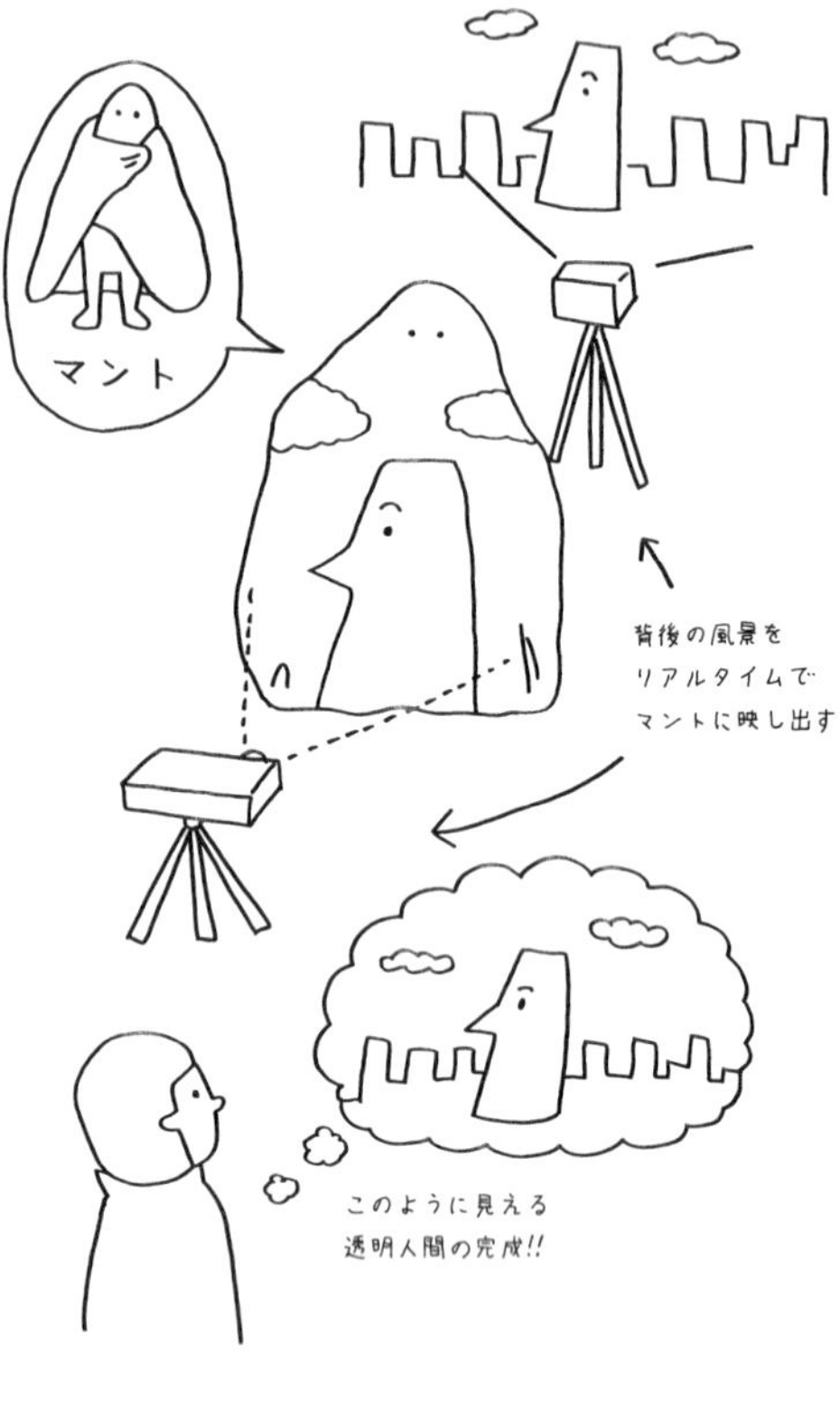
マント
背後の風景を
リアルタイムで
マントに映し出す
このように見える
透明人間の完成!!

ようするに、後ろの風景がマントに映写されているため、前から見れば透けているように感じるということですね。

…………。

すみません。私は最初この仕組みを聞いて、**心の中で「ズコー！」とズッコけました。**だって、これで透明になるためには、常にカメラと映写機とセットで行動しなければいけないんですよ？　そんなことじゃあ……、**全然悪用ができないじゃないですか。**この光学迷彩の仕組みでは、**男の夢が実現できないじゃないですか。**

え〜、「男の夢」がどのようなものかという点については、**具体的な表現はここでは避けさせていただきますが。**

しかしたとえば、仮にですが、マントをかぶって**女湯に侵入したとして**、後ろのカメラは隠れるからいいとしても、映写機の方はバレバレじゃないですか。

銭湯の洗い場になぜかポツンと**不自然な映写機**が佇んでいたら、圧倒的に怪しまれるでしょう。その映写機を見つからないようにするためには、映写機に透明マントをかぶせて別の映写機で背景を映し出さなきゃいけません。さらにその別の映写機も透明マントで覆って次なる映写機から映像を送り、その次なる映写機もやはり透明マントで…………、と**ウソをウソで固めるかのようなキリがない展開**になってしまうではないですか。しかも、その中のひとつでも存在が発覚してしまったら、芋づる式にすべての映写機及びマントをかぶった人が検挙されます。

そんな中途半端な透明マントが、いったいなんの役に立つというのですか？　まったくプンプン。

この光学迷彩は、自動車の運転中に外の様子を見られるようにして安全性を高めたり、手術中に医師の手を透過させてよりスムーズな治療を行えるようにしたり、高い建物に背景を映し出して街の景観を損ねないようにしたりと、それはもういろいろと有効利用の方法があるそうです。

…………どうですか。**なんとも人類のためになる、素晴らしい発明ではありませんか。**「透明マント」というと不純なことしか考えないろくでもない輩が、こんな立派な発明を「中途半端」だとか「役に立たない」とか言うのです。**そういう輩は自分の思慮の浅はかさを反省してほしいものです。**

でも……、景観を損なうからといって高層ビルを透けさせてしまったら、鳥はガンガンぶつかるし、下手をすればヘリコプターあたりも激突して大惨事になるような気がします。手術中の執刀医も、手が透けていたら**うっかりメスで自分の手を切りまくり**ではないでしょうか？

じゃあ私も考えました。こういう使い方はどうでしょうか。飛行機の床が全部透けるようにして、**飛んでる間中ずっとめちゃめちゃ怖い**とか。

もしくは、家のドアを全面透明にして、のぞき穴なんかに頼らなくても来客時には誰が来たか一目瞭然というのはいいのではないでしょうか？　来客がなくても、常に外の様子がありありとわかります。

でも、それだと少し生々し過ぎるかもしれませんね。ピンポンと呼び鈴が鳴って、どなたですかー？　と玄関に行ってみたら見知らぬ宅配業者のおじさんの姿が全身丸見えで、**「ギャーーーッなんでこの人勝手に入ってきてるのっ！　怖いっ！　け、警察！　すぐに警察を呼んでっっ（号泣）!!」**と、**本当はドアの外にいるということを忘れて腰を抜かさんばかりに驚く**ということが慣れるまで続きそうです。

たしかにこの光学迷彩はいろいろと重宝しそうですが、でも、そうはいっても………、やはり理想の透明というのは、映写機などいらずに単体で透明人間を実現できるもの、それこそが真の透明マントですよね（不純な人間にとっては）。

実は、光学迷彩以外にも、〝メタマテリアル〟という物質を使った透明マントが開発されています。

メタマテリアルは、光を意図した方向に屈折させることができる素材です。屈折の角度をうまく計算したメタマテリアルで物体を囲むと、その背後から来る光をうまく曲げ、物体の周りを迂回させてから元の軌道に戻し再び正面に放つことができます。

人が物を見る仕組みはこの本の冒頭で解説しましたが、私たちは網膜に光が到達した時点でなにかを「見た」と判断します。逆に、周りと比べてある一部分からの光が目に届かない場合は、そこに「光を邪魔する物体がある」と判断します。

しかしメタマテリアルで囲まれた物体の後ろから来た光がそのまま網膜に達すれば、私たちはその途中になんらかの物体があるということは認識できません。つまり、メタマテリアル製の透明マントをかぶった人や物は、本当に透明に見えるということです。

どうですか。男の夢よ再び。これなら私たちの夢が、きっと**ドリームカムトゥルー**ではありませんか。

しかし映写式の光学迷彩と比べると、まだこの方法には技術的なハードルがあります。

光はあくまで直進しかしませんので、メタマテリアルでは光をぐにゃっと曲げているのではなく、屈折率の違うブロックをひとつひとつ組み合わせ、少しずつ光の角度を変えて前方に迂回させています。円を描いているのではなく、すごく角の多い多角形を描いているのです。

そこで波長の短い〝可視光〟をうまく曲げようとすると、そのひとつひとつのブロックをナノメートル（1ミリメートルの100万分の1）単位で組み合わせなければならなくなり、相当に高度な技術が必要になるのです。

もうひとつの問題は、透明マントとは言っていますが、構成上マントのようにひらひらするものでの適用は難しく、今のところ**円柱のような固定された形**でしか透明化が実現できないということです。

いくら光の屈折を精密に計算してブロックを組み合わせても、ひらひらっと動いてしまったらその組み合わせがずれてしまい上手な迂回が実現しないですからね。

ただ私は思うのですが……、たしかに、今の時点で「完全な透明マントが発明された」という発表は聞いていません。でも、発表されていないからといって、発明されていないとは限らないのではないでしょうか？

だって、よく考えてみてください。もしあなたが透明マントを発明したとしたら、**人に言いますか？**

たとえタイムマシンのことは公表しても、**透明マントだけは黙っていたいと思うのが人の子の考え方ではないでしょうか？**

アメリカ映画に、透明人間をテーマにした『インビジブル』という作品がありました。ケビン・ベーコン演じる科学者が特殊な薬品を開発して透明人間になり、元彼女の部屋に忍び込んでいたずらをしたり、寝ている同僚女性の服を脱がせたりと、好き放題に暴れ回る映画です。

私はこの映画を鑑賞して、男の夢があまりにもリアルに映像化されたシーン、それを自分の目で見ることができた感動に、心を打ち震わせました。

男の夢というものに、国境はないんだなと。**ポール・バーホーベン監督ありがとうと。**

というように、今も実際に世界のどこかで透明マントを発明した技術者がそんな悪さを働いているかもしれませんし、ましてやこれが大量生産されて一般発売になったらもう大変なことになります。

たとえば、私はそんなことは一切考えもしませんが、どこかの男の人は、「好きなアイドルの私生活をのぞきたい！」などと考え、本人が留守のうちに透明マントで姿を隠し、こっそりアイドルの部屋に忍び込んで待ち伏せするというような計画を立てるかもしれません。

でもどうでしょう、鍵師の技術を身につけていざアイドル宅の鍵を開け、念願のアイドルルームに入ろうとしてみたはいいけれど、あれっ？　なにかにつっかえて進むことができませんよ。どうして？　特に障害物があるわけでもないのに、なぜ入れないの？　この空間の抵抗感はなに⁇　と思ったら、実はすでに**部屋の中は透明マントをまとった変態男たちで満員電車状態**で、後発の変態は踏み入るスペースがまったくないというような事態が起こるかもしれません。そうなるとアイドルが帰ってきても**本人すら自宅に入れない**という情けない結果になります。

言い忘れていましたが、この種の透明マントは、マントを頭からすっぽりかぶると**中から外の様子を見ることができない**という欠点もあります。

じゃあどうするかというと目の部分だけ穴を開けるしかないですが、そうすると当然目だけは透明にならずに外から見えてしまうということになります。もしもその変態飽和状態の部屋にアイドルが帰ってきた場合、電気をつけた瞬間**空中に100個くらい目だけが浮かんでいる**という状況を目撃することになります。現代に現れる妖怪百目ですね。おぞましいことです。

人が透明になったらどのような行動に出るのか、誰もが自分を抑えきれずに悪事に及ぶのか、それともうまく理性を保ち常識の範囲内の悪事にとどめられるのか。

古くは哲学者のプラトンもこの課題を取り上げ、彼は「人が正義の行いをするのは他人の目を気にするからであり、透明になった者は本性を抑えきれずに必ず悪事を働くだろう」と語ったそうです。

しかし私は、研究者の方たちに言いたいのです。

ここまで読んでいただいてわかる通り、人は誰しも自分の良心に従って行動するものであり、**姿が見えなくなったからといって道徳に背くような行いを為す人間など1人もいないのです。**

だから、どうか研究者の方々、安心して透明マントの開発に取り組んでください。

発明――その③
「人体冷凍保存」

アメリカ、アリゾナにある〝アルコー延命財団〟という企業の保管室には、タンクの中でおよそ１００人もの人間が冷凍保存されています。

小説の話ではなく、実際の出来事です。実に薄気味悪いことではないですか。

しかしなぜでしょう。真夏のカレーじゃあるまいし、なぜ人間なんていうものを冷凍する必要があるのでしょうか。カレーは一度冷まして寝かせておくと味がよくしみるといいますが、凍っている人たちも冬眠することで**熟成された人間味**を出そうとしているのでしょうか？ カレーと同じく、**ひと晩寝かせたあの旨さ**を狙って冷凍の道を選んだのでしょうか？

実はそれは半分本当のことで、冷凍人間さんたちは、**いつの日か前にも増して健康な肉体になって解凍される**ことを夢見て氷漬けになっているのです。

なんでも、長い人ではもう40年以上も冷凍のままだそうです。

たまに、自宅で冷凍庫を整理していると、奥の方から記憶にない**謎のタッパー**が登場し「うわっなんだこれ！　カレー？　いつのよこれ!?　もう絶っ対いらない。ポイッ」と**即処分な展開**が発生しますが、冷凍人間さんもある日突然ポイッとされる末路をたどらないかやや心配です。

SFの世界には〝コールドスリープ〟という言葉がありますが、コールドスリープは「人工冬眠」と訳され、人間が何年も何百年も冬眠状態になり、未来のあるときに目覚める仕組みのことです。

これは当人としては長い時間をワープするわけですから、ある種のタイムトラベルであるともいえるでしょう。

少し趣が違うかもしれませんが、「遠い未来での目覚め」というアイデアは、もう5000年も前から存在しています。

エジプトで眠っている数々のミイラなどは、まさに将来の復活を夢見て作られたものです。カイロの考古学博物館では3000年以上も昔の時代を生きたファラオ（王）のミイラたちが復活を待ち続けており、「インターネット革命」とも呼ばれた2011年の反政府デモでは**侵入した暴徒に頭をもがれたり**していました。悲しい末路です(涙)。

しかし現在研究されているコールドスリープの目的というのは、単純に未来に行くというのが第一ではありません。人工冬眠の一番の狙いは、病気を治すことです。

たとえば、現代医学では対応ができない、不治の病に侵されてしまった人を冷凍して生命を一時停止させます。そして22世紀なり23世紀なり（あるいはもっと先）に、治療法が見つかったところで解凍して治してあげるのです。

エジプトのミイラと違い、冷凍タイプの場合はある程度の容姿を保ったまま保存できるというのが利点です。エジプトのような乾燥タイプにすると、みなさんご存知の通り見るも無惨なヨボヨボ外見になってしまいます。たとえ不治の病は治ったとしても、あの容姿で復活してしまっては**「こんな姿で生きるくらいなら死んだ方がマシよ（涙）！」**と絶望してまたすぐに自ら死を選ぶのではないでしょうか。

それとも、意外とあの乾燥タイプはひじきやしいたけのように**水でもどすとぷりんぷりん**な肌になったりするのでしょうか？　むしろ水を吸うと1体のミイラがワカメなみに20人くらいに増えたりするのでしょうか？　いいえ増えません。

しかし実際にアメリカで100人もの人が冷凍保存されているのなら、コールドスリープはもう実現しているんじゃないかと思いきやそうではありません。

少なくとも現時点では、生きた人間を冷凍すると殺人罪で逮捕されます。

アルコー延命財団が保管している人々というのは一度死んだ人たち、つまりは**死体**です。

コールドスリープでは生きたまま人間を保存しますが（あくまで理論上の話です）、アルコー延命財団が行っているのは、不治の病の治癒ではなく生き返ることそのものを目的とした死体の保存です。ですので正確には冬眠ではなく単純な「人体の冷凍保存」であり、こちらはコールドスリープに対して〝クライオニクス〟と呼ばれています。

クライオニクスでは、契約者が死亡すると腐敗を防ぐため氷で冷やしながら遺体を保存場所に運び、それからマイナス196度の液体窒素に漬け、タンクに入れて「死んだ人間を蘇生する技術が開発される日」が来るまで冷凍し続けるわけです。

まあそうはいっても、大きな地震が起きたり、**カーブを曲がりきれなかったトラック**が突っ込んできたりしたら、パリーンと砕けて終わりですけどね……。

でもどうなんでしょう。当然ですが、亡くなってから保存されるということは、冷凍されているのはそのほとんどが高齢者です。

今からずっと先の将来、先進国では今以上に少子高齢化が深刻になり、地球全体では今以上に人口過多で食糧不足に襲われている時代に、**誰がすすんで高齢者の遺体を蘇生させてあげようと考えるでしょうか。**自分の近い親族ならまだしも、何百年という後になって**遠い先**

祖らしい老人を生き返らせて面倒見ようと思うお人好しがいるとは思えません。

生き返る方にしても、果たして遠い未来の複雑な生活になじむことができるでしょうか？たかだか50年後くらいのことを考えても、今の子どもたちが高齢者になっているとしたら、ゲートボールなんかも**iPhoneアプリでオンライン対戦**をするようなテクノロジーに頼った娯楽になっているはずです。釣りもiPhoneアプリなら、盆栽もiPhoneアプリです。お伊勢参りはVRとGoogle Earthを組み合わせた**バーチャルお伊勢参り**です。近所の寄り合いは**LINEグループ通話**です。そんなハイテク高齢化時代に、1970年代に冷凍されたご高齢者が参入してやっていけるのでしょうか？

もちろんハイテクに対応できないのは悪いことではなく、それができる家族やお友だちが親切に教えてあげればいいだけのことです。でも、未来にはその家族も友だちもいないんです。**知っている人間がみんなこの世からいなくなった未来に、たった1人で蘇るのです。**そうまでして生き返ることに意味や楽しみを感じられるでしょうか……？

と思ったら、生き返ったときに寂しくないように**ペットと一緒に冷凍されている人**もいるそうです。また、夫婦で一緒に凍っている方々もいれば、夫婦での冷凍を提案されたのに「生き返ってまでこの男と一緒にいたくないね！」と同居を拒み**あえて1人での冷凍を望んだご婦人**もいるそうです。

みなさん、それぞれちゃんと考えているんですね。おそれ入りました。ていうかその拒否された旦那さんがかわいそうです(涙)。

ところでこの冷凍保存の費用なのですが、全身の保存で1500万円ほど（プラス毎年の維持費）、頭部だけの保存で800万円ほど（同上）だそうです。

そう、このクライオニクスでは、**頭だけ**を冷凍保存することもできるのです。むしろ全身の冷凍よりも頭部の冷凍を希望する人の方が多いようで、彼らは将来自分の肉体ではなく、脳が**他の体に移植されて若返った姿で復活する**ことを願っているのです。

いやあ、とっても希望に満ちた話ですよね。

いつの日か、死んだ人間を蘇生させることができるようになった時代に……、そんな時代に、**移植先になるような若い体があるわけがありません。だって誰も死なない時代なんですから。**

なんだか、脳を冷凍しておいて、将来誰か他の人間の体を使って復活しようというのはものすごく傲慢な考え方のように感じます。自分さえ生きられればそれでいいんでしょうか。でも、未来には余っている体なんてどこにもないんですよ。この際、彼らの脳にはエジプトのミイラの体でもくっつけてやりましょう。

だいたい一度死んだ人間を蘇生させるということに対する見込みもすごく薄いですが、人体の冷凍保存にはさらに問題があります。

人間の体内は、たとえば脳の細胞の中にもたくさんの水分が含まれています。そして、水というのは凍ると体積が増え、さらに表面がトゲトゲしくなります（雪の結晶の形を思い出してください）。

ということは、人間の体内の水分が凍ると、細胞はどんどん破壊され、地震など起きなくても自然に膨張して**パリンといってしまう**のです。

一度、冷凍保存していた胴体を取り出して解剖したことがあるそうですが、実際にその体は複数の内臓が真っ二つに割れ、皮膚にも大きな裂け目がいくつもできていたそうです。ああ気持ち悪いっ。

それどころか、実はクライオニクスを請け負っているアルコー延命財団というのは、人体を冷凍するまでの工程も保存中の扱いも、相当いい加減であるということが元職員により暴露されています。

元職員によると、頭部だけを冷凍しているものにも脳には10カ所以上のひび割れが入ってしまっており、また、顧客の頭を別の容器に移し替える際、凍った頭に張り付いた金属の部品を職員がレンチで叩いて外そうとしたら**目標をあやまって頭自体を砕いてしまい**、周囲に頭の破片が飛び散って関係者は大爆笑という事件があったそうです。**あまりにも笑えません。**

そんな適当な会社が将来責任を持って冷凍人間を蘇生させてくれるとは思えませんし、そもそも一般的な「会社の寿命」というのはせいぜい30年だと言われています。

凍っている人々は未来の高度な医療技術によって解凍されるのではなく、会社が倒産して放置され、液体窒素の蒸発とともに**自然解凍**という可能性の方がはるかに高いと思われます。

そのシーン、想像したくありません。

さて、最後は少し猟奇的な雰囲気になりましたが、ここまでこの章では、未来においての存在が期待される夢の発明や技術について紹介をしました。

中には今の時点では実現可能性が低いものもありますが、かつて「SFの父」とも呼ばれ、『海底二万マイル』や『80日間世界一周』を記したSF作家のジュール・ヴェルヌは、**「誰かに想像できることは他の誰かによって実現できる」**という言葉を残しました。

たしかにその通りかもしれません。思えばFAXや携帯電話、自動車や飛行機や月旅行など、以前は夢や空想でしかなかったことが、今は次々と現実のものになっています。

みなさんにもそれぞれ、夢見ている未来があるでしょう。一流企業に就職したい、有名歌手になりたい、宝くじで3億円当てたい……。

安心してください。それらの夢が、**あなたが想像できることならばそれは他の誰かによって必ず実現できるんです。たとえあなたが無理でも、あなたではない他の誰かによってその夢は達成されるのです。**

いやはや………、**まったく嬉しくないですねそれ。**なんなんでしょう。ジュール・ヴェルヌさんもSF作家ならもう少し希望のある言葉を残してほしいものです。

しかし、ものは考えようです。

他の誰かが夢を実現できるのなら、その「他の誰か」に自分がなればいいのです。

その夢が誰かに実現できるのなら、自分にだってできるはず。そう信じて、夢への道を歩んでいこうではありませんか。

宇宙

うちゅう

chapter8 uchuu

宇宙——その①「宇宙の誕生」

私たちの周りにある「最もスケールの大きな疑問」というのは、やはり宇宙に関することではないでしょうか。

宇宙はいつごろできたのか、宇宙の外はどうなっているのか、宇宙人はいるのか……。

そういった宇宙の謎に思いを馳《は》せていると、自分の存在なんてとてつもなくちっぽけなものに思えてきますね。

私は、いつも仕事や人間関係で悩んだときには、こう考えるようにしています。

この宇宙には何億何兆という数の星があり、その中では地球なんて、浜辺に落ちているたった一粒の砂のような存在です。

そんな小さな砂粒の上の、さらに70億分の1であるただ1人の人間の悩みなんて、宇宙から見れば無に等しい、取るに足らないものなんだと。

でも、宇宙から見れば取るに足らないことでも、自分自身はめっぽう小さな存在なので、**そのめっぽう小さな自分から見れば小さな悩みだってめっぽう大きく感じるんですよね。**

私はいつも悩んだときには自分を励ますために「この宇宙には何億何兆という数の星があり……」と考えはじめますが、最終的には悩みというのも相対的なものであり、宇宙から見れば小さくても**自分にとってはまったく小さくないんだ**という結論に達して、改めて悩みの大きさを噛みしめて苦しむのです(号泣)。

このように、宇宙についての謎や不思議や苦しみはいくらでもあるものですが、この章ではその中でもスケールの大きないくつかを取り上げ、私と同じようにみなさんにも「自分の悩みなんてたいしたことないんだ！」という気持ちを持っていただけるように、いつも通りの真面目でわかりやすい解説を試みたいと思います。

さて、私たちが暮らしているこの宇宙の年齢は、今ではおよそ**138億歳**だと言われています。そして、宇宙は現在も光の速さで膨張を続けています。

時をさかのぼってみると、今から138億年前、誕生する直前には宇宙はひとつの点でした。原子1個よりも小さな点です。**その点の中に、宇宙にあるすべてのものが詰まっていた**のです。

その状態は〝超高密度状態〟などと言われますが、それこそ「超」がひとつつくだけで済まされるような密度ではありません。なにしろ宇宙が全部、点に収納されているんです。いったいどんな詰め方をしたら、宇宙が原子より小さな点の中に収まるのでしょうか？

これはかなり難しいです。そこまで究極的な詰め込み方というのは、さすがのお母さんでも手に負えないことでしょう。

お母さんというのはたいてい人間の能力の限界を超えた収納テクニックを持っているもので、私たちが遠足や修学旅行の朝に荷物が多過ぎてカバンの前でパニックになっていると、お母さんが登場してあっという間に収納してくれるということがよくあります。子どもが「もうどう転んでも入らない。4次元空間でも使わない限り絶対にムリ(号泣)」と思う分量でも、お母さんは**その4次元空間を使って荷物を全部詰めてしまう**のです。そして修学旅行先などで私たちがいったん荷物を取り出すと、**また入らなくなります。**

しかし、そのような収納魔術師であるお母さんをもってしても、宇宙をすべて極小の点にしまい込むというのは無理難題でしょう。もしかしたら日本中のお母さんの力をすべて結集すれば、宇宙の半分くらいまでは詰め込めるかもしれませんが……。

ともあれ、その宇宙の最初の点には、お母さんもお父さんも含めてこの世のあらゆるものが、星も光も猫のタマも自分も歴史上の人物も、すべてひっくるめて（その元となる物質

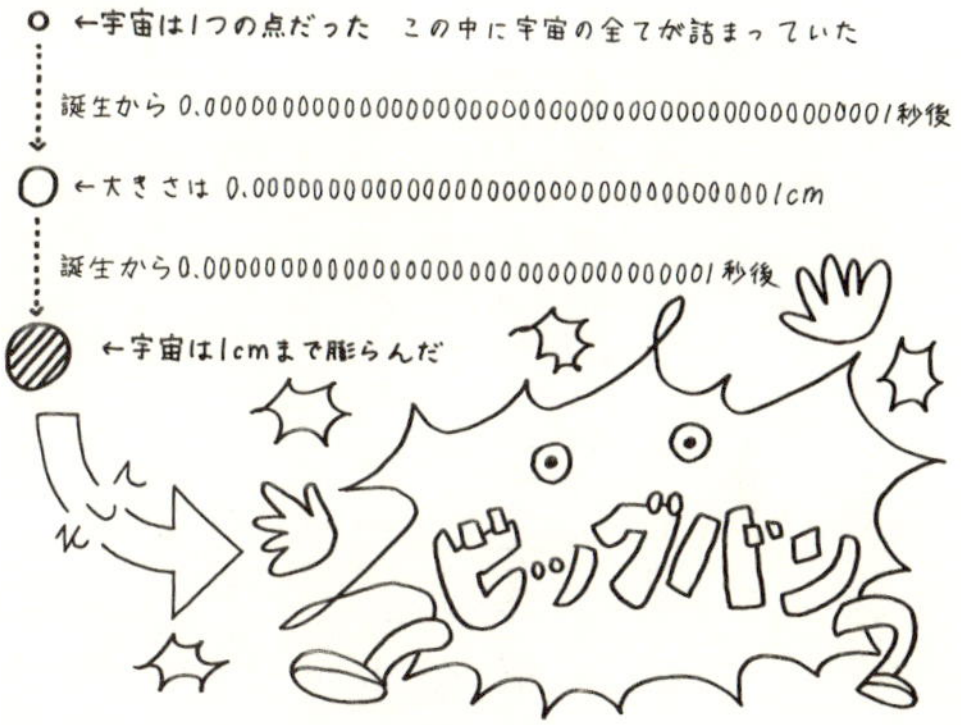
←宇宙は1つの点だった　この中に宇宙の全てが詰まっていた
誕生から0.00000000000000000000000000000000000000000001秒後
←大きさは0.000000000000000000000000000000001cm
誕生から0.000000000000000000000000000000000001秒後
←宇宙は1cmまで膨らんだ
ん
ん
ビッグバン

が）収納されていました。時間も空間も、恋も仕事も病気もいろんな悩みも、なにもかも138億年前には1ミリの1億分の1よりもっと小さい点の中に詰まっていたのです。

それが、ビッグバンという突然の大爆発により解き放たれて、そして宇宙が生まれ地球が生まれ、私たちの生活が生まれたのです……。

この際、いっそのことビッグバンなんて起こらずに**ずっと点の中にいられたらその方がよかったかもしれませんね。** みんなまとめて超高密度のままでいれば、モテるモテないや就活や腰痛や余分な脂肪や年金の支払いというようないろんな悩みも誕生することがなかったのですから。

ビッグバンというのは、今の宇宙が生まれるきっかけとなった大爆発のことですが、新しい理論ではビッグバン直前に〝インフレーション〟という現象が起きたと考えられています。インフレーションというのは「急激な膨張」のことですが、初期の宇宙は前ページの図のような動きをしていたようです。

このあたりの宇宙誕生の瞬間を説明してくれるのが〝インフレーション理論〟なのですが、どうですか？　138億年前の宇宙の動きについてここまでわかってしまっているというのは、まさに唖然ですよね。現代物理の底力というものを感じます。

でも案外、138億年前の宇宙の様子を熟知している研究者の方に、「昨日の夕ご飯なに食べました？」と聞くと**頭を抱えて悩むかもしれません。**それは半分は滑稽なことであり、半分はとてもカッコいいことだと思います。昨日の夕ご飯は思い出せなくても**138億年前のことはわかっている**、そ**昨日の夕ご飯は思い出せない**。れが研究者の方たちです。

インフレーションからビッグバンへ移行した直後、宇宙の温度は**百億度**くらいだったそうです。

これはもう、たまらない熱さです。江戸っ子の方々は「熱いお湯に我慢して入るのが粋ってもんだぜ」というポリシーを持っていらっしゃるようなので、ひょっとしたら「熱い」と聞けばむしろ果敢に挑戦したがるかもしれません。しかし果敢に粋を求めても、百億度では**江戸っ子も一瞬で蒸発**です。

温度というのは密度と多大なる関係にあるため、百億度だった宇宙も徐々に温度を下げながら膨張していったわけですが……。

ここでクエスチョンです。

それでは、インフレーションの前、**宇宙ができる前にはなにがあったのでしょうか？**

138億年前に宇宙ができたというのなら、じゃあ139億年前はなんだったのか？　こんな疑問、誰もが一度は持ったことがあるのではないでしょうか。

考える間も与えずに早速お答えしてしまいますが……、現在の物理学者や天文学者の方たちによる標準回答では、宇宙ができる前には**「なにもなかった」**というのが正解です。

そもそも、**「時間」や「空間」というものが、宇宙と一緒に誕生した存在なのです。**だから、宇宙の前にはなにもないのが当たり前。時間も、空間もないのです。

時間ができたのが宇宙誕生のときなのですから、だいたい**「宇宙ができる前」という発想自体がおかしいのです。**宇宙に「できる前」なんてないのです。時間というものをさかのぼれるのは、宇宙の誕生までなのですから。

そしてもうひとつ、宇宙の外側にはなにがあるのかという疑問も、同じ答えになります。時間と同じように「空間」も宇宙と同時に生まれたものですから、空間は宇宙の中にしか存在せず、「宇宙の外側」という発想がおかしなものになります。**宇宙に外はないのです。**

……………。

ということになるのですが、どうでしょうみなさん。以上の回答で、ご納得いただけましたでしょうか？

ちなみに私は、**まったく納得していません。**

だってそうじゃないですか。「時間は宇宙と一緒に生まれたのだから宇宙の前なんてないんだ」なんて言われて、誰がハイそうですかと納得できますか。たとえ時間が宇宙と一緒に誕生したのだとしても、**その前はその前でなにかあったでしょう。**たとえ時間すらないとしても、**時間がなくたってなにかしらのものはあったはずです。**

物理学者のみなさんは「宇宙の誕生」という素晴らしく壮大なメインイベントに気を取られ過ぎて、それ以前のことに目をやる余裕がないだけなのではないでしょうか？　将来タイムマシンができて実際にビッグバンの前に行ってみたら、意外と**ラッシャー木村が前座試合を行っていたり**するのではないでしょうか。

宇宙の外側も同じです。

なにもない、**空間すらない**なんていう状態があるわけがないんです。「宇宙の外側なんて存在しない」っていうのは、宇宙から出られないから**負け惜しみで**言っているだけじゃないんですか？　いくらなにもないと言っても、**セブンイレブンの1軒くらいはあるでしょう。**

そうでなきゃ、宇宙の外で1人暮らしの男性は食べるものに困るじゃないですか。

「宇宙の外にはなにもない」というのはあくまで理論上の話なわけですから、案外がんばって宇宙から出てみたら、山手線の田端駅前くらいの適度な繁華街はがんばっているかもしれませんよ。新宿や渋谷あたりと比べたら、田端なんて本当になにもないところですからね……。

えー、そんなわけで、「宇宙の始まり」と「宇宙のできる前」、そして「宇宙の外」については、いくらか疑問を解消していただくことができたでしょうか？　そうですか、よかったです。説明した甲斐がありました。

なんだかんだ愚痴を言ってしまいましたが、やはり宇宙の前や外には「なにもない」というのが正しい答えのようです。でもそう言われると、本当になにもないのか余計に宇宙の外に出て確認したくなりますけどね。

このあたり、宇宙の果ての話はあまり深く考えていると眠れなくなりますので、会社でランチの後に睡魔に襲われたときなどは、ぜひとも積極的に宇宙の果てについて考えるようにしましょう。

補足

宇宙誕生時の動きについて述べた〝インフレーション理論〟は多くの研究者の支持を集めていますが、異説もあり100パーセント証明されたものというわけではありません。

また、インフレーション理論の中にも様々なモデルがあり、膨張に関する時間やサイズの数値もモデルごとに少しずつ異なっています。

宇宙――その②
「宇宙の終焉」

宇宙豆知識をひとつご紹介したいと思います。

宇宙空間に行くと、人間は重力から解放されて**身長が5センチメートルほど伸びます。**

みなさまの中に身長にコンプレックスをお持ちの方がいましたら、これを機に宇宙飛行士を目指してみるというのはどうでしょう。宇宙飛行士というだけでカッコいいのに、その上身長まで伸びるんです。大変好都合なことではありませんか。

ただ気をつけてほしいのですが、元々ある程度の身長がないと**宇宙飛行士の募集要項をクリアすることができません。**無念にも身長制限に引っかかってしまった場合は飛行士になるのはあきらめて、逆に背の小さいことをウリにした**ミニモニ。のようなユニット**を結成するなど、小さいなりの別のイメージアップの道を模索するといいかもしれませんね。

さて、この宇宙は超高密度の点の状態から始まったわけですが、始まりがわかったなら、

終わりはどうなるかというのが次に気になるところです。

宇宙に終わりはあるのでしょうか？　私たち地球人は、このまま永久に世代を重ねて宇宙に生き続けていくことができるのでしょうか？

答えは、もちろんＮＯです。

この世界に、永遠などありません。それはみなさんもよくご存知ですよね。神の前で永遠を誓った男女の熱い愛でさえ、実際熱いまま続くのはせいぜい2、3年です。そんなものです。

宇宙もやはり愛と同じで、時が経てば距離が広がるとともにどんどん冷たくなり、やがて静かに終焉を迎えるのです。

宇宙は誕生以来ずっと膨張を続けており、現在その広さは400億光年以上と推定されています（誕生から138億年で400億光年まで広がるのはおかしく感じるかもしれませんが、その理由は後の項目で述べます）。

400億光年というのは実にとんでもない広さです。東京ドームで表すと何個分くらいになるのでしょうか？　1光年がおよそ10兆キロメートルなのに対して東京ドームは直径約200メートルなので………、**計算したくありません。**

これからも宇宙は光の速さで広がっていくわけですが、ところが、宇宙にある物質の総量というのは限られています。宇宙が膨らんだからといって、星の材料となるガスや塵、そのおおもとの原子が新しく生まれるということはないのです。

それなのに空間だけがひたすら膨張するとどうなるかというと、あらゆる物質と物質との間隔が限りなく広がり、宇宙は中身のないスッカスカな状態になります。私が書く旅行記も中身がない中身がないとよく言われますが、宇宙はそんなものとは比べものにならないくらいもっとスッカスカ状態になります。

星や銀河は宇宙に浮かぶガスや塵が万有引力で集まってできるものですが、それらの物質同士の距離が遠くなれば引力は弱まり、新たな星が生まれることはなくなります。そしてすべての星には寿命がありますので、いずれ宇宙の星と生命は絶滅を迎えるのです。

たとえば今から100兆年後……、宇宙はところどころに星の死骸が浮かぶだけの、冷たい暗黒の空間となっていることでしょう。

ただひょっとしたら、**台東区のあこぎな店だけは、100兆年先の世界でも闇の中で淡々と閉店セールを続けているかもしれません。**たとえ宇宙が終焉を迎えようとも、あの店だけは永遠に閉店せずに閉店セールを続けていきそうな気がするのですよね(涙)。

このまま宇宙が際限なく広がるならば宇宙には一切の光がない暗黒の時代が訪れるわけですが、しかし、未来の宇宙は別の道をたどるという仮定もあります。

それは、宇宙は一定期間膨張を続けた後、今度は**収縮に転じる**という説です。

その仮説によれば、未来のある時点で宇宙はビッグバンのまったく逆をたどって一気に縮み出し、再び高温、高密度の状態に移行します。

やがてすべての物質は原子に、さらに素粒子にまで分解され、1点に閉じ込められるというのです。この収縮のことは、ビッグバンに対して〝ビッグクランチ〟と呼ばれています。

1点に閉じ込められたその後にどうなるかというのはまだ検討中だということですが、再びビッグバンが起こって新しい宇宙が始まるのかもしれません。

〝ビッグクランチ〟なんてなにやら**おいしそうな名前**に感じられますが、仮にあなたの近くにビッグクランチがあっても決して食べようとしてはいけません。その高密度の点には宇宙のすべての物質が凝縮されていますので、きっと中国で下水からリサイクルされた食用油なんかも一緒に詰まっているはずです。そんな油を使ったビッグクランチを食べたら**食中毒間違いなし**です。その上、食べた後に胃の中でビッグバンが起こるかもしれないのですから、もはや命の保証はできません。

とはいえ、私たち地球人は、宇宙の寿命やビッグクランチを待たずして、もっと早くに全滅してしまう恐れがあります。なにしろ、太陽の寿命というのは宇宙の寿命よりもずっと短いのですから。

太陽などの恒星は〝水素の核融合〟という作業により水素の質量をエネルギーに変え光を出していますが、中心部の水素を使い果たすと今度は外側で核融合反応が始まり、星はどんどん膨張していきます。

その大きくなった恒星のことを〝赤色巨星〟といいますが、太陽はおよそ50億年後に赤色巨星になると考えられています。

そうなると迫り来る太陽の熱で地球の海や大気や江戸っ子は蒸発し、やがて**地球はまるごと太陽に飲み込まれてしまう**ことになります。その後太陽は中心核を残して宇宙に飛び散り、残った核だけが太陽の死骸として静かに宇宙を漂うことになるのです。

まあしかし、だらだらと意味もなく何兆年も生きるより、地球の歴史も残り50億年程度で簡潔にまとめた方がいいのかもしれません。寿命でもなんでも、長ければいいというものではないんです。『あぶない刑事《でか》』シリーズだって、放映時間の長い映画版よりも、短めのレギュラー放送の方が無駄なくまとまっていておもしろかったじゃないですか。**※あくまで個人の感想です**

そうはいっても、地球も太陽もあと50億年も寿命があるのなら、それは全然短いなんてことはありませんよね。むしろ十分過ぎるほど長いです。

…………と、言いたいところですが。

たとえば、日本人の平均寿命はおよそ80歳ですね。でも、**誰もが平均寿命まで生きるとは限らないですよね？**　不幸にも突発的な事故や病気で亡くなってしまう人だっています。

それなら地球だって、必ず寿命を全うできるなんて断言できるものではありません。核兵器による戦争が起こったり、アラレちゃんに割られたりしてある日突然滅びてしまうかもしれないのです。

また、小惑星や隕石の衝突というのも地球にとって大きな脅威です。

1996年に、〝1996JA1〟という直径300メートルほどの小惑星が、地球から45万キロメートルの位置まで接近したことがあります。月のほんのちょっと先くらいの距離です。

この小惑星がもし地球と衝突していれば、その破壊力は広島型原爆10万発以上に相当したと言われています。これはマ〇コ・デラックスさんの質量が秘めるエネルギーには及ばないですが、それでも地球を壊滅の危機に追い込むだけの威力はあります。

ところが、そんな大変なニアミスをしたにもかかわらず、この小惑星が発見されたのは**接近のたった5日前**でした。しかも見つけたのは天文学者でもNASAの研究者でもなく、**アメリカの大学生**だったというのです。

まったく、NASAはなにをやっていたのでしょうか？　大学生に先を越されるなんて、NASAともあろうものが実にNASAけない話です。**なんてつまらない冗談を言っている場合ではありません。**

もしわずかでもこの小惑星の軌道がずれていれば、20年前に地球は大惨事を迎えていたのです。

そんなことがあるのですから、今から1年後、10年後に地球が無事であるという保証はどこにもないですよね。もちろんそのような大ハプニングはまれなものですので、当分の間は地球は大丈夫なはずです。でも、だからといって「自分には絶対に1年後があるんだ」と思って日々を無駄に費やすのは、とてももったいないことですよね。

たとえ確実に1年後があるとしても、今日という日は、今日しかないんです。今日のこの時間を使えるのは、138億年の宇宙の歴史の中で、今日だけなのですから。

それでは我らが地球の今後ますますの発展と健勝を祈りながら、次はなんとなくスター・ウォーズ的なムードが漂う謎多きものたち、〝暗黒物質〟と〝ダークエネルギー〟について勉強することにしましょう。

補足
宇宙の広さを東京ドームで表すことを一度は断念しましたが、がんばって計算してみたところ直径だけで宇宙は東京ドーム2兆×1兆個分、体積だとおおよそ東京ドーム（2兆×1兆）×（2兆×1兆）×（2兆×1兆）個分となりました。8の後に0が72個並ぶ数ですが、これだと**東京ドームで表しても全然広さを理解する手助けにはならない**ということがわかりました（涙）。

宇宙――その③
「暗黒物質とダークエネルギー」

〝暗黒物質〟と〝ダークエネルギー〟、それぞれ別のものを指す言葉ですが、みなさんはこの言葉からどんなことを連想しますか?

暗黒物質……、暗黒な物質だから、とにかく黒いものでしょうか。ダース・ベイダーや「まっくろくろすけ」、黒豚に黒真珠に黒烏龍茶、そのあたりが暗黒物質でしょうか? 笑点を見ているといつも圓楽さん（前・楽太郎さん）は腹黒い腹黒いと言われていますが、それでは**圓楽さんのお腹に詰まっているものこそが暗黒物質なのでしょうか?**

ダークエネルギーについては、こちらはだいたい予想がつきますよね。

私は書く本の内容がたいていあまり上品でないため、時折名も知らぬ方からネット上で散々な悪口を言われることがあります。このような被害を被っているのは私だけではありませんが、彼らが人生の貴重な時間をわざわざ会ったこともない他人の悪口を書くことに使う、

その黒いモチベーションをダークエネルギーと言わずしてなんと言いましょうか。

あるいは私はその昔、交際していた女性に浮気を疑われ、携帯はおろかWeb上のフリーメールまで盗み読みされたことがあります。会社でメールチェックをすると、自分では見ていないメールが次々と開封済みになっていくんです。どうですか？　**これもまたとてつもなく恐ろしいダークエネルギーではありませんか。**

どうか聞いてください。

人への疑いや誹謗中傷、そんなくだらない目的のために力を使っていると、やがてダークエネルギーは蓄積し心までダークサイドに堕ちることになるのです。実際、そのときの彼女はのちにストーカーとなり、私は高井戸警察署の生活安全相談係にお世話になりました。

って**そんな話は宇宙と全然関係ないんですよ。**

すみません、今述べたのは、どれも実際の暗黒物質やダークエネルギーとは**まったく異なるものでした。**こういう余計なことばかり書いているから悪口言われるんですよね私は。

それではようやく本題に入ります。

まずは暗黒物質（別名〝ダークマター〟）から解説していきたいと思いますが、ここでの「暗黒」や「ダーク」というのは、**「正体不明」**という意味で使われている言葉です。

現在、宇宙にある星や銀河、あるいは空間に漂うガスなどの物質の量の合計というのは、ある程度これくらいだろうという見当がついています。これらの物質はすべて質量を持ちますので万有引力（重力）で引き合うわけですが、計算上、星やガスの重力だけでは今の宇宙の動きが説明できないのです。

もし宇宙空間に働いている重力が星やガスなど観測可能な（通常の原子から構成されている）物質のものだけだとすると、太陽も他の恒星も、銀河の中に収まっていることができずに宇宙へ飛び出してしまいます。

また、一般相対性理論により重力は光を曲げることがわかっていますが、遠くの星を眺めたときに、**どうも星の重力だけでは説明がつかないくらい光が曲がっている**という状況がしばしば発生していました。

これらのことから、宇宙には、**見えないし正体不明だけどなにか重力を発生させる（質量のある）物質がそこら中にあるようだ**、ということがわかってきたのです。その正体不明の物質を、暗黒物質と呼んでいるのです。

つまり暗黒物質というのは「目に見えない」「なんだかわからない」という物質なのですが、でも、そう言われてもちょっと説得力が感じられない気もしますよね。

本当にそんなものがあるのでしょうか？「目には見えないけどそこにあるんだよ」とい

うのは、**裸の王様をだました悪い布職人が言ったのと同じセリフではありませんか。**みんなで「暗黒物質あるよね〜」「あるよね〜」と言っていても、**正直な子どもがある日突然「そんなもののないやい！」と叫んだらみんな我に返って「やっぱりありませんでした」ということになったりしないでしょうか？**

……………。大変失礼しました。物理や天文の研究に携わる方たちは純粋に真理の追究を目指していますので、決してそのようなまやかしということはありません。

じゃあその見えない物質の正体はなんなのかですが、今のところ、惑星などの暗い星や、ブラックホールなどがその候補として挙げられています。しかしどの説も、まだその正しさを裏付ける証拠は見つかっていません。

結局のところ謎の物質であり、謎である限りはあらゆるものが暗黒物質の正体となる可能性を持っているとも言えます。

ひょっとしたら、**透明マントをまとった人たち**がいっぱい宇宙に浮いているのかもしれませんね。地球ではないどこか別の星で、透明化してアイドル宅に侵入しようとした宇宙人が、数が多過ぎてどんどん部屋からあふれかえり**宇宙にまではみ出していった結果、**暗黒物質となり質量と重力が発生していたりして……。

なお、重力から計算すると、暗黒物質は星やガスなどの「通常の物質」の5倍もの量が存

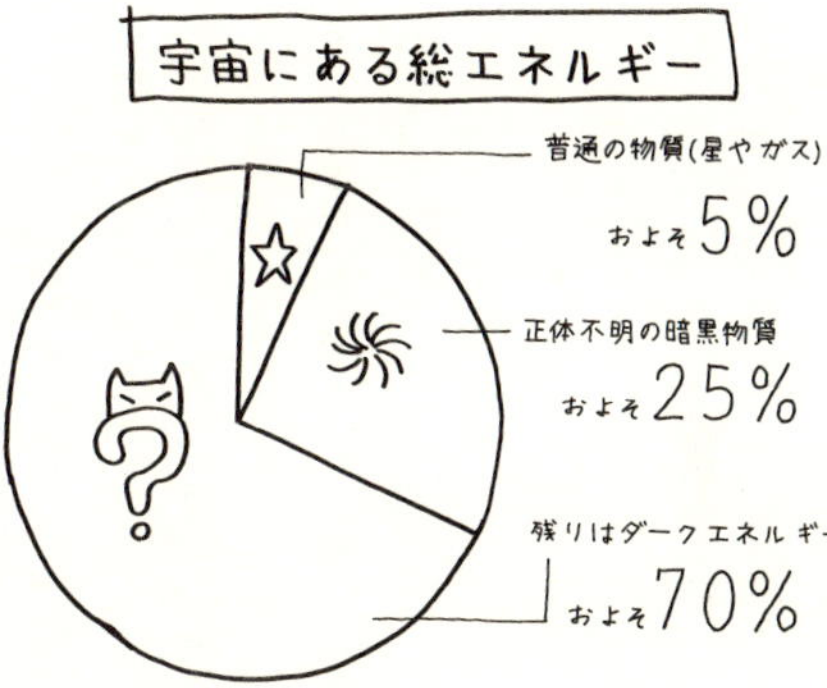

在することになるそうです。それはもうとんでもない数の透明宇宙人が浮いているということになりますね。

暗黒物質はたしかに正体不明ですが、しかしそれでも質量があり重力を発生させ、物質としては常識的な挙動にとどまっています。ところが、一方で常識では測れないおかしな振る舞いをするのがダークエネルギーです。

暗黒物質は星やガスといった「通常の物質」の5倍の量があると言いましたが、実はその通常の物質と暗黒物質を合計しても宇宙にある総エネルギーの3割弱にしかなりません（ここでは$E=mc^2$の式により質量をすべてエネルギーに換算して考えます）。

では残りの7割はなにかというと、それが

すべてダークエネルギーなのです。

ダークエネルギーは、他の物質と比べて**まったく非常識な動き**をしています。非常識な動きといっても、ダークエネルギーが宇宙を覆いながら江頭2：50さんのように裸で踊り狂っているわけではありません。

なにが非常識かというと、通常の物質というのは万有引力、重力によってお互いに引き合うのですが、ダークエネルギーは重力とは反対の、**反発する力（斥力《せきりょく》）**を持っています。

宇宙は138億年間ずっと膨張を続けていますが、実は、現在その膨張スピードが加速しているということがわかっています。今ではもう、宇宙は**光速を超える速さで**広がっているのです。

おや？　でもたしか特殊相対性理論によれば、この宇宙に光速を超えるスピードは存在しなかったはずでは……、と思いきや、なんでも、**「宇宙の膨張速度」だけはそのルールが適用外**だそうです。なかなか都合のいい話ですね。「ごはんのときはジュースは飲んじゃダメだ」と子どもに言い聞かせておいて、「パパだってビール飲んでるじゃん！」と指摘されると**「ビールはいいんだ！」と開き直るお父さん**を見ているようです。

ともかく、その光速を超える宇宙の膨張を後押ししているエネルギーが、ダークエネルギーだとされています。

ダークエネルギーがなければ、銀河や暗黒物質の重力によって宇宙の膨張スピードは少しずつ減速するはずなのです。しかし現実問題として、遠方にある超新星という星を観測することなどによって、膨張は加速していることがわかっています。

そこで、その加速のつじつまを合わせるために、重力と逆向きに働く力であるダークエネルギーの存在が予測されているのです。

「重力と反対に働く力」というのがすでに常識外れなものですが、もうひとつダークエネルギーには奇妙な特徴があります。

通常、空間が広がれば物質やエネルギーの密度というのは下がるものです。ギュウギュウ詰めの満員電車も、車両の数が10倍になれば人もまばらになり、押し合いへし合いのエネルギーも薄まりますよね。

ところが、ダークエネルギーの場合は**いくら宇宙が膨らんでもその密度が変わらない**のです。

これは実に不可解です。宇宙空間がどれだけ広くなっても、ダークエネルギーの密度は薄まることがありません。つまり、器が大きくなるとそれに合わせて中身も勝手に増えていっているのです。

たとえば、冷蔵庫がいつも食材でパンパンなため、思い切って大きい冷蔵庫に買い替えた

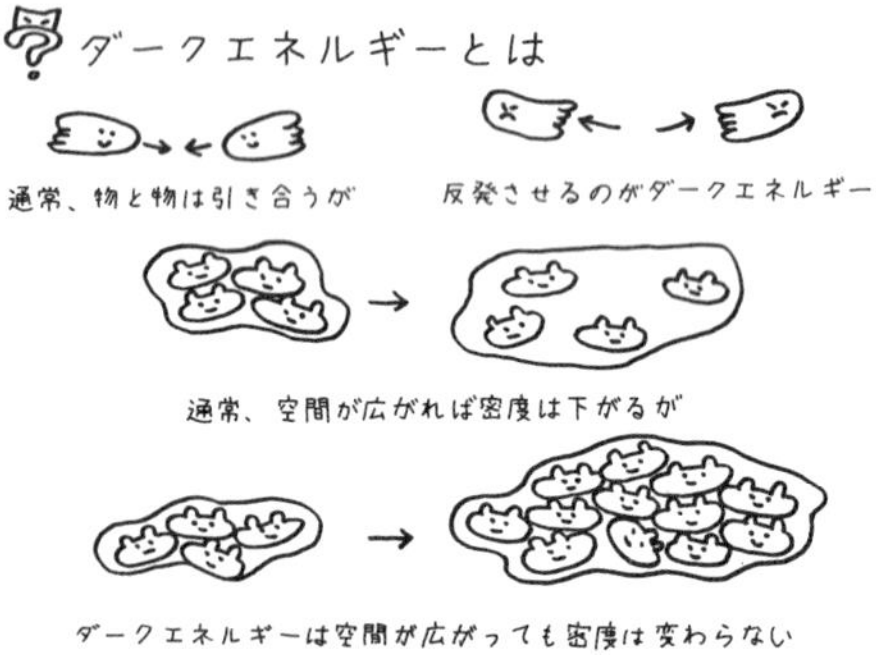

ら**やっぱり大きい冷蔵庫もすぐに食材でパンパンになった**というようなことはあると思います。**新しい本棚を買うと本もどんどん増えていく**ということもよくあります。

これは私たちが容量の大きさに甘えて物を増やしてしまうからですが、ただ冷蔵庫の食材はスーパーの売り場から持ってくるわけですし、新しい本を買えばその分その本が陳列されていた本屋さんの棚にはスペースができます。

でも、ダークエネルギーの場合はどこか別のところから運んでくるわけではないんです。**ただ増えるのです。**

だからこそ宇宙の膨張スピードは減速ではなく加速をしており、だからこそダークエネルギーは謎の存在なんです。それも、暗黒物質よりもさらに輪をかけた、桁外れの謎です。

以上、暗黒物質とダークエネルギーについて簡単に解説をしましたが、ただ結局これらのものは「そういうものがあると考えないとつじつまが合わない」という理由から存在が予測されているだけのものであり、もしかしたら太陽が銀河から飛び出ていかないのも、宇宙の膨張が加速しているのも、本当はなにか別の原因があるのかもしれません。

暗黒物質は「正体が不明である」という意味で「暗黒」という言葉がついているのですが、この際みなさんも、正体不明なものにはなんでも「暗黒」をつけてみたらどうでしょうか？

たとえば中身が秘密な福袋のことは「暗黒袋」、具のわからないおにぎりは「暗黒おにぎり」、彼女に携帯電話を調べられて他の女の子からの着信がばれたときには、「あれっ!? なんだろうこの着信。誰だか全然わからないよ。**暗黒着信履歴だね♪**」とインテリなトボけ方をすれば、うまく切り抜けられること間違いなしです。

宇宙――その④
「地球外知的生命体　前」

先ほど「宇宙に行くと背が5センチメートルほど高くなる」という豆知識をご紹介しましたが、「自分はモデルや関取を目指しているので5センチメートルでは満足できない」という方には、もっともっと爆裂に身長を伸ばす策があります。

どうするかというと、**ブラックホールに吸い込まれる**のです。

そもそもブラックホールというのはただの穴ではなく、太陽よりも何十倍も大きな星が、寿命を終えた後に自分の重さを支えきれずにぐっと収縮してできた天体です。

質量が莫大なままサイズだけが点にまで縮んでいますので、「距離が近いほど力が強くなる」という万有引力の法則の通り、そこに近づいてしまうと地球表面の1兆倍以上という猛烈な重力を受けることになります。それがブラックホールの「吸い込む力」です。

仮に人間がブラックホールに向かって頭の方から**吸い込まれ中**だとすると、そのとき「ブ

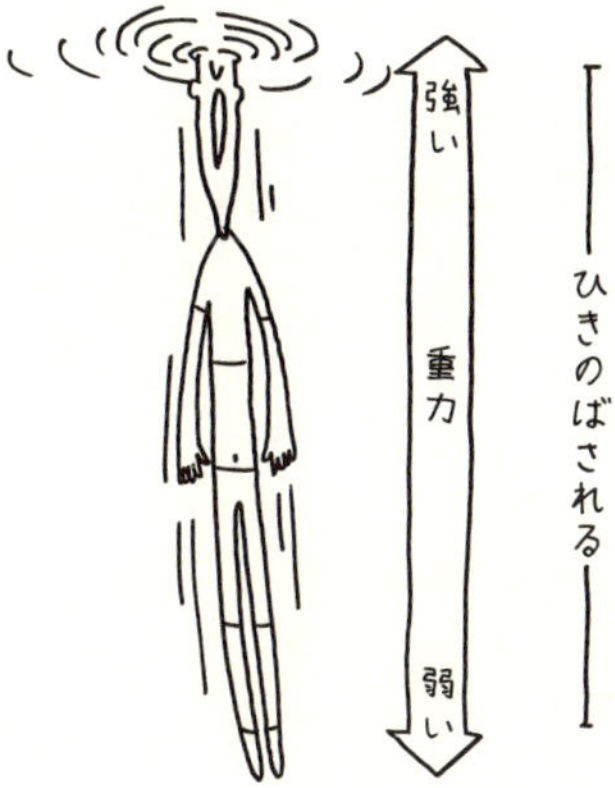

ラックホールから頭までの距離」と、「ブラックホールから足の先までの距離」は違ってきますよね。

そこで頭は強い重力を受け猛烈なスピードで引き込まれますが、反対に足先は頭と比べれば重力も引き込まれる勢いも弱く、その差を受けてめでたく人は縦方向に引き伸ばされるわけです（この縦方向の力を〝潮汐力《ちょうせきりょく》〟といいます）。

身長にコンプレックスを抱いているみなさんも、これなら立派にモデルや関取の応募規定を満たす背丈を手に入れられますよ。

もちろん、めでたく背が伸びた次の瞬間には伸び過ぎて引き裂かれ原子や素粒子の状態にまでバラバラになります。ということはですよ、モデル事務所に送るプロフィール写真

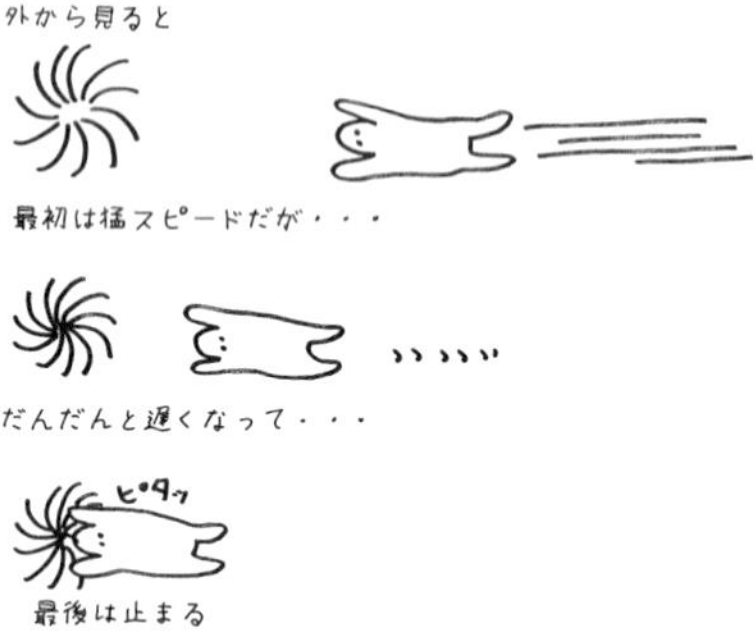
外から見ると
最初は猛スピードだが・・・
だんだんと遅くなって・・・
ピタッ
最後は止まる

を撮ったり、関取の新弟子検査を受けるのは、まさに**一瞬の勝負**です。低過ぎず高過ぎず、ほどほどの身長になったところですかさず写真を撮らなければなりません。写真はいいとしても、新弟子検査には身長を測定する係の人（親方）も必要ですから、最初から親方にも声をかけて一緒にブラックホールに落ちてもらうなど、根回し・調整は綿密に行うようにしてください。

　なお、ついでに言いますと、重力は時間を遅らせますので、ブラックホール付近では他の空間と**時間の進み方が変わってきます。**

　ブラックホールは、中心部では無限大ともいえる強烈な重力を持っています。そのため、ブラックホールに落ち込んでいく人を外から眺めると、最初はもの凄いスピードで吸われていると思ったら次第にじわじわ遅くなり、**最後には完全に止まります。**

でも、外から見ればどんどん動きが遅くなっているのに、実際に落ちている方にとってはあっという間、**あくまで本人は一瞬でブラックホールに吸い込まれているのです。**逆にそちらからは、**外の世界こそが猛烈な早回しで進んでいるように見えます。**

これは一般相対性理論で学んだ「重力による一方的な時間の遅れ」ですね。ちゃんと覚えていますか？

いかがでしょう。こんな不思議な体験ができるブラックホール、ぜひ遊園地のアトラクションとしておひとついかがでしょうか？　どんな絶叫マシンよりも、ずっと鬼気迫ったリアルな絶叫が生まれることうけあいですよ。

ブラックホールの話が少し長くなってしまいましたが、ここからは「地球人以外にこの宇宙に知的生命体は存在するか？」という課題について考えていきたいと思います。

さて、一般的に「宇宙人」というのは、宇宙に関連するトピックの中でどうも**かわいそうな扱い**を受けている印象があります。

本屋さんに行っても、銀河やブラックホール、天文学や宇宙工学なんていう本は知的な専門書コーナーにあるのに、なぜか宇宙人の話になるといきなり**サブカルチャーコーナー**に移ります。下手をすると、**たま出版さん**まで絡んできたりしますね。

※作者注：たま出版の社長さんは毎年年末になると『TVタックル　超常現象スペシャル』に登場し、「金星人は歌舞伎町に住んでいて新宿区の住民票を取得している」などという**世紀の大スクープ**の発表を連発し世間を驚愕させています。

どうも宇宙人というと、世間一般からは**ツチノコや河童と同じ類《たぐい》のもの**として扱われているような気がしてなりません。しかし、私たち人間だってまぎれもなく宇宙に生きる宇宙人ではないですか。それならば、地球人のこともツチノコや河童と同じ類のうさんくさい存在だというのですか？　いいえそんなことはありません。地球人も宇宙人も、決して妖怪でもなければ超常現象でもないのです。

はっきり言いますが、うさんくさいのは宇宙人そのものではなく、**宇宙人の目撃者の人たち**です。

よくテレビで「宇宙人にさらわれた人」とか、「UFOに連れ込まれて謎の手術を施された人」なんかが証言をしている姿を見かけますが、正直なところそういう人たちは、もし私が地球を調査する宇宙人の立場だとしたら**絶対にサンプルとして選ばないだろう**と思うような、微妙な雰囲気を醸し出している人ばかりです。

普通に考えたら、大事な研究のためにさらうのならバリバリ仕事をしている健康な若いサラリーマンやOLでしょう。それをなんではるか彼方から地球の調査にやって来た宇宙人の方々が、わざわざ**特に人類を代表する要素のない挙動不審なおじさん**ばかりチョイスして手術するのでしょうか。そんなことで信頼のおける実験データが採取できるとは到底思えません。

とはいえ、もしかしたら逆にそこが宇宙人の作戦で、自分たちが地球の研究をしていることを悟られないように、「私は宇宙人にさらわれました」と証言しても**誰も信じなさそうな怪しい雰囲気の人**をわざと選んでいるのかもしれないですけどね。

本題に戻りますが、おおよそ世の中の人たちの意見というのは、「こんなに広い宇宙で生物が住んでいるのが地球だけのはずがない」ということでまとまっているように感じられます。

しかし、そうは言っても「広い宇宙」が**具体的に数字で表してどのくらい広いのか**を把握している人というのは、あまりいないかもしれません。

宇宙の広さは距離で表せば400億光年以上ということになりますが、しかし宇宙人を語る上ではただの空間的広さというのはさほど重要ではありません。問題は、**宇宙にはどのくらいの数の星があるのか**ということですよね。

太陽系が所属する銀河は〝天の川銀河〟もしくは単純に〝銀河系〟と呼ばれますが、この銀河の中に、太陽のように自ら光を発する恒星はおよそ2000億個あります。

ただし、恒星は太陽と同じく核融合で燃え上がっていますので生命が住むことはできません。問題は、地球や火星のような「恒星の周りを回っている惑星」の数です。

すべての恒星に対して惑星が存在するわけではありませんが、複数の惑星を持つ恒星はいくつも確認されており（太陽系は8つですね）、天の川銀河全体での惑星の数は**1兆個**ほどではないかと言われています。

しかし、さらに宇宙全体には銀河の数が1000億個ほどありますので、そうするとこの宇宙に惑星は**1兆×1000億個＝1000垓個**という計算になります。それだけあれば、さすがに宇宙人の1兆人や2兆人そこらに転がっていそうです。

1000垓個というのは、みなさんが想像していたよりずっと多い、とんでもない数ではないでしょうか？

とすると、失恋した友人に対して「元気出せよ、女なんて星の数ほどいるんだからさ！」というような励まし方をする人がいますが、それはおかしいですよね。だって、**女性はこの地球に1000垓人もいません。**世界人口の半分が女性だとしても、せいぜい35億人じゃないですか。35億人と1000垓人では30兆倍もの開きがあります。

そうです。「女なんて星の数ほどいるんだからさ！」と友だちを励ましている人というのは、**ウソつきなのです。**女性は全然星の数ほどいません。**星の数と比べたら30兆分の1しかいません。**友だちに対して真摯に接したいのであれば、「女は星の数と比べたら30兆分の1しかいない貴重な存在だから、おまえはほんとに惜しい彼女を失ったよなぁ」と真実を教えてあげなければいけません。**耳が痛いこともきちんと言い合えるのが本当の友だちではないですか。**

ともあれ、1000垓個というのはあまりにも数が大き過ぎますので、いったん話を我々の天の川銀河に戻します。

〝ドレイクの方程式〟という式があります。この方程式はフランク・ドレイクという天文学者が考案したもので、天の川銀河の中に「高度な文明が存在する星」が今この瞬間にいくつあるかという答えを導くための式です。

「惑星の数」や「生命が発生し、なおかつ高等生命にまで進化する確率」「文明が継続する期間」といった各種条件を当てはめて計算すると、現在地球と同時に文明が存在している系外惑星（太陽系以外の惑星）の数は、**10個から1万個**と推測されます。

私たちがいるこの銀河系だけで、少なくとも10個、多くて1万個も高度文明は存在するというのです。もちろんこれが宇宙全体となればその1000億倍、現在でなく「過去に文明が存在した」という星まで合わせるとまたその何倍にも膨れ上がります。

でも、それだけの数の文明がありながら、私たちがいまだに他の知的生命体に出会わないのはなぜでしょうか？

それは、私たちがなかなか地球から出て行かないからという理由になるのかもしれません。

でも、もし地球人が積極的に出会いを求めて動いたとして、いつの日か宇宙人とコンタクトを取れる可能性はあるのでしょうか？　未知との遭遇を迎える日はやって来るのでしょうか？

その点について、引き続き次の項目で探っていくことにしましょう。

補足
銀河内の文明の数を求めるドレイクの方程式ですが、「生命が高等生命にまで進化する確率」など条件となる数値は計算する人の考え方によって異なってくるため、人によっては答えが「1」、つまり地球にしか文明は存在しないという答えになることもあります。

宇宙――その⑤
「地球外知的生命体　後」

私たちは、夜空に浮かぶ星々に「はくちょう座」「わし座」「かんむり座」など、その姿に合わせて様々な名前をつけています。

しかし私は思うのです。もしかしたらそれらの星に住んでいるかもしれない人々のことを考えると、**あまり地球人の都合で勝手に名前をつけない方がいいのではないかと。**

マンガ『北斗の拳』には、北斗七星のわきに輝く〝死兆星〟という星が登場していました。それは病を患っている人にしか見えないという不吉な星で、死兆星が見えた人間には1年以内に確実に死が訪れるのです。

もしその星に知的生命体、宇宙人さんが住んでいたとしたらどうでしょう。あるとき彼らが地球に飛来し、「地球のみなさん、はじめまして。私たちは北斗七星のわきに輝いているあの星からやって来ました」と友好的に挨拶をしてくれたとしても、マンガ好きの外務大臣が「ああ、**死兆星ね。**あんな不吉なとこに住んでるの？　**おたくの星を見た人間は1年で死ぬらしいじゃん**」と返答をしてしまったら、あまりの失礼ぶりに**宇宙戦争が始まる**おそれがあります。

　逆の立場で考えても同じです。地球人が系外惑星に出向いてそこに住む知的生命体にご挨拶したところ、相手方に「地球から来たの？　地球ってたしか、『**ガマガエルの轢死体座**』**の飛び出た腸のところの星でしょ？**」などと軽々しく言われた日には、私たちも頭にきてその星を植民地化してやりたい気分になりますよね。せめて「バニーガール座のふわふわ尻尾の先端の星」くらいの、色気とかわいさのある星座に地球を組み入れてほしいものです。

　しかし「系外惑星に出向く」と簡単に言いましたが、実際太陽系の外を訪れるというのは、地球人にとってまだまだ夢の話です。

　そこで現在地球では〝ＳＥＴＩ《セティ》〟という、電波を使った知的生命体調査の方法が採用されています。

　このＳＥＴＩは、「宇宙のどこかで他の文明が発信している（かもしれない）電波をキャッチする」という狙いで、世界各地の電波望遠鏡を使い、見知らぬ宇宙人からの連絡を虎視眈々と待ち受けるという作戦です。

ただ、この方法は非常に受け身なものであるという感は否めません。過去には地球の方から電波を発信したこともありますが、予算と手間がかかるということもあり、今まで送信はほんの数回だけにとどまっているそうです。

これはまるで、出会い系サイトに「はじめまして★　地球とぃぃます。みずみずしくてぽっちゃり体型、46億歳の女の子です。ヒマな人連絡くださぁぃ♥」と一度だけ書き込んで、あとはただひたすら相手からのメールを待ち続ける有閑なギャルの姿のようです。

電波というのは光の一種ですので、その進むスピードは光速である秒速30万キロメートルです。

とすると、現実問題として、仮に500光年先からオリオン座のチャラ男・ベテルギウスが「地球ちゃんかわいいね☆　今度会わない？」と電波を飛ばしてきたとしても、それが地球に届くまでに500年、地球が「ぃぃよぉ、ぃっにする？」と返信してチャラ男に届くまでさらに500年、それから待ち合わせ時間やらお互いの呼び方やら服装の目印やらをすりあわせていると、3000年くらいはあっという間に経ってしまいそうです。もし相手が200万光年先のアンドロメダ銀河なら、**待ち合わせの成立まで1000万年**はみておかなければいけません。

SETIの調査が開始されてからかれこれ50年以上が過ぎていますが、知的生命体から発信されたと思われる電波はまだ一度も確認されていません。ひょっとしてどの知的生命体もみんな、何千年もかけて出会いの場を作るほどのモチベーションがなく、発信することをあきらめているのではないでしょうか？　理由はともあれ、地球と同じく、どの星でもみんな他の星からの電波を待ちかまえているだけで、**誰も送信元にはなろうとしていない**ということは十分考えられます。これはもう、もはや**宇宙の生命全体が草食系になってしまっている**ということですね。

ところで、別の考え方としては、実は宇宙人は地球の存在を把握しており、すでに密かに地球と接触しているという説もあります。

たとえば、「宇宙人はずっと昔に地球という『未開な星』を発見しているけれど、未開な地球人の生態系を壊さないように、地球近隣を**立ち入り禁止区域**に設定し、今も姿を隠して密かにその成長を見守っている」という考え方があります。

これは、アフリカのケニアやタンザニアなどの国が野生動物保護区域を設定し、立ち入り禁止にして動物の生態系を守っているのと同じシステムですね。実際、この説には**「動物園仮説」**などという呼び名がつけられています。

アフリカの国立公園ではツアーに参加すればジープに乗って公園内を観光することができますが、それなら宇宙人もたまにツアーを組んで、地球観光にやって来ているのかもしれません。その宇宙からのツアー客が、世界のあちこちで**未確認飛行物体**として目撃されているのではないでしょうか？

そんなふうに、私たち人間が宇宙人からは**野生動物なみの未開な存在**だと上から目線で思われているのでしたら、ぜひ今度ＵＦＯを見かけたら**撃墜してやりたいですね。野生動物をなめると怪我するぜってことをやつらに教えてやるのです。**

また他には、宇宙人は数千年前に地球にやって来ており、世界各地の古代人に文明を伝えたのだという説もあります。

メキシコのユカタン半島で２０００年ほど前に栄えたマヤ文明は、古代文明としては考えられないほど正確な暦を持っていました。また、インカ帝国の巨石を積み上げた町やマチュピチュ遺跡なども、その時代には存在し得なかったはずの高度な建築技術を使って造られているといいます。

これらの知識や技術が、人間ではなく遠い系外惑星からやって来た宇宙人によって伝えられたものだという見解があるのです。実際に中南米の古代遺跡からは、「宇宙服を着た宇宙人の姿」や「宇宙船を操縦する宇宙飛行士の姿」が彫刻された棺や石版が、いくつも発掘されています。

私自身、２０１０年にその発掘品を見るためにはるばるメキシコまで出かけ、「宇宙飛行士が描かれている」という古代の石版を見学したところ、**どこからどう見てもまったく宇宙飛行士に見えなくてズッコけました。**旅費を返してほしいです。

「宇宙人が古代人に文明を伝えた」という説は、**ないです。**

もしよろしければその詳細につきましては、写真も満載のさくら剛著『南米でオーパーツ探してる場合かよ!!』をご一読くだされば光栄に存じます。

さて、現在は主に飛来する電波の解析や宇宙望遠鏡での観測に頼っている宇宙人の探査ですが、もしそう遠くないどこかの宇宙に知的生命体の住む惑星を発見したとして、地球人が実際にお星訪問《ほしほうもん》することは可能なのでしょうか？

今までに人類が造った有人飛行可能な宇宙船の速度は、スペースシャトルでおよそ時速２万７千キロメートル、月探査を行ったアポロ宇宙船が時速４万キロメートルほどです。

太陽以外で最も地球に近い恒星は、距離およそ４光年の位置にあるアルファケンタウリという星です。もしアルファケンタウリが知的生命体の住む惑星を持っていたとして（その可能性は低いですが）、アポロと同速度の宇宙船でその星を目指すと、到着まで**12万年**かかります。

12万年を宇宙船の中で過ごすというのは生半可な退屈さではないですよ。**文庫本を相当たくさん持っていかないと12万年もの退屈はしのげません。** 1週間に1冊のペースで読むとしても、600万冊ほど用意しなければいけません。

少々高性能の宇宙船を開発したとしても、移動時間1万年の壁を破ることは難しそうです。これではどうあがいても宇宙人のお宅へ遊びに行くことは不可能です。

そんなに時間がかかるのならもうどこへも行かず、地球でじっとしていればいいじゃないのと思われるかもしれませんが、そういうわけにもいきません。宇宙人に出会うためでなくとも、地球人はいつか必ず太陽系から出なければならないのです。膨張した太陽に地球が飲み込まれてしまうその前に。

もっと言いますと、私たち（の子孫）は、太陽系だけでなく銀河系自体からも脱出を図る必要があるかもしれないのです。なぜなら、現在の銀河の動きから予測すると、およそ50億年後には私たちの銀河はアンドロメダ銀河と衝突すると考えられるからです。

衝突の結果甚大な被害が出るのか、それとも案外無事にすれ違うことができるのか、それはまだ今の時点ではわかりません。しかし仮に衝突を避けるため直径15万光年の天の川銀河から脱出を図るとしたら、アポロのスピードで50億年近くかかりますので**もうそろそろ出発しないと間に合いません。**

遠い未来の私たちの子孫には、太陽の死も銀河の衝突も乗り越えられるような英知を身につけていてもらいたいですね。

実際に他の星を訪れるというのは、電波でのやり取りと比べてとんでもなく困難であるということはわかっていただけたと思います。

以前、しばしば山の上などで輪になって**UFOを呼び出す儀式**を行う人々をテレビなどで見かけましたが、宇宙の距離感を考えればこれはやってはいけないことです。

たとえ宇宙人がアポロの100倍速い宇宙船を持っているとしても、それでも最も近いアルファケンタウリからでさえ地球までは1200年もかかるんです。最低でも往復2400年かかるというのに、たいした用事もなく**興味本意で**UFOを呼びつけるなんてことはもう迷惑行為でしかありません。

経費の点でも、地球の表面からたった数百キロメートル上空を飛ぶスペースシャトルですら1回の打ち上げに**500億円**かかるんです。往復で8光年（およそ80兆キロメートル）を2400年も旅をするとなると、どれだけ天文学的な金額がかかると思いますか。**ただ「見てみたいから」という不純な動機でUFOを呼ぶような軽率な行いは、絶対にやってはいけないことなのです。**

それでもどうしても呼びたいと言うのなら、せめて結婚式や卒業式など、人生の節目の慶事だけに限定して丁重にお呼びするようにしましょう。

残念ながら、たとえ系外惑星からの電波を受信し宇宙人の存在が明らかになったとしても、今のままでは実際に彼らと出会える確率は技術的にほぼ0です。

でも、考えてみてください。

私たちはみな、同じ地球に住んでいる人々とすら、まだまだまったく出会っていないではありませんか。

宇宙になど行かなくても、素敵な出会いはきっと私たちのすぐ近くに転がっているのです。

進化論《しんかろん》

感じる科学

chapter9

shinka-ron

進化論——その①
「獲得形質と遺伝」

キリンの首はなぜ長いか知っていますか？
高いところにある葉っぱを食べようとがんばっていたら、ニョキニョキと首が伸びたのでしょうか？

違います。

「キリンは高いところの葉を食べるために首が伸びた」というのは、ありがちな勘違いです。

情熱だけで身長が伸びれば誰も苦労しません。

もちろん、私はキリンさんの情熱を否定するつもりはありません。彼らは彼らでなにかと一生懸命がんばっていますし、肉を避け野菜中心の食生活に徹するその高い健康意識も尊敬しております。

彼らはおよそ1000万年の間に、首の短い動物から首が長い動物へと進化しました。しかし、生物の進化に必要なものは、本人の情熱やがんばりではありません。そこにあるのは、**自然による選択**なのです。

この章では宇宙から一転して視点を地球に戻し、「地球上の生物の進化」について取り上げたいと思います。

そもそも、今でこそ生物が進化しているというのは定説となっていますが、ほんの150年前までは、生命はすべて神によって作られたものだと信じられていました。人間はもちろん、犬も猫もウサギもスズメも、カエルもヘビもムカデもナメクジも、現在地球上にいる何百万種という生物をすべて神が作ったというのです。

もしそうだとすれば、神様……、あなた**相当ヒマですよね。**ていうか、なんでウサギやパンダというモコモコで愛らしいアイドル動物を作るデザインセンスがありながら、ナメクジやアナコンダやタランチュラまで同時に作っちゃうんでしょうか。**前衛的にもほどがあります。**

一番気に入らないのが、やぶ蚊ですよ。**なんであんなもの作ったんですか。絶対いらないでしょうに。嫌がらせとしか思えません。**

まあやぶ蚊も一応トンボやカエルの食料として食物連鎖の輪に組み込まれていますので、

トンボやカエルにとっては蚊も存在理由があるのかもしれません。逆に蚊やカエルの立場からすれば、「人間ってなんでいるの？　**いらないよねあいつら**」と思われている可能性もあります。だとしたら、**余計頭に来ます。**

なお、生物が神の作ったものであるならば、それは最初から完全な形をしているはずなので、時代とともにその姿を変える（進化する）ことなどあるわけないと当時は考えられていました。

今でも、キリスト教を信仰する人々の中には神による「創造論」を支持する方が多くいますが、しかし現在では、遺伝学や発生学、古生物学といった数々の学問によって、「生物は進化している」ということが明らかになっています。

19世紀の半ばに、世の中に進化という考え方を広めたのがイギリスの博物学者チャールズ・ダーウィンです。

彼は「ビーグル号」という測量船に乗り、重い船酔いに苦しみながらも5年間をかけて南米地域の生き物を調査し、特にガラパゴス諸島では島ごとに細かく特徴の異なる鳥やゾウガメを見て、進化論をひらめきました。

ちなみに私も、古代文明を伝えたという**宇宙人の調査**などのために南米を訪れた際、ついでにガラパゴス諸島の5日間クルーズに参加しましたが、初日から究極の船酔いで10回以上吐いた上にフェリーが黒煙を吐いて沈みかけ、1日でツアーが中止になるという惨劇に見舞われました。ガラパゴス諸島では鳥やゾウガメは島ごとに進化していますが、**船だけはダーウィンの時代からほとんど進化していなかったようです（涙）**。

ガラパゴス諸島の特徴的なところは、たとえば同じゾウガメでも、島ごとに固有の進化を遂げているという点です。

食料である草が比較的高い位置にある島のゾウガメは、他の島のゾウガメと違い首を伸ばしやすいように甲羅が身軽な形状になっています。

また、「フィンチ」という小さな鳥は、エサの種類（虫を食べるのか植物を食べるのか）やエサの固さなどの環境によって、クチバシの形や大きさが微妙に異なっています。

これらは重要な進化の証であり、ガラパゴスを訪れたダーウィンはそこを見逃しませんでした。

彼の洞察力と発想力は本当に素晴らしいですね。同じものを見ても、そこに隠れている真理を見つけられるかどうかは、観察をする人次第です。私がガラパゴスで発見したことなんて、**自分は船旅に向いていない**ということと、**離島ではコーラがめっちゃ高い**ということくらいです。本当に自分が恥ずかしいです。

さて、話を「キリンの首はどうして長くなったのか」に戻しますが、ダーウィンの進化論によるその仕組みは次のようなものです。

そもそも、同じ種の生き物であってもその形には個体差がありますよね。人間だって背が高い人もいれば、その逆の人もいます。でも、人間ならただの個性で済む個体差が、野生動物の場合は生死を分ける問題になることがあります。

キリンは元々シカのような姿をしていましたが、その中でも個体差により、たまたま首の短いキリンと、ちょっとだけ首が長いキリンがいました。

彼らは地面に生えている草を食料にしていましたが、あるときその草が残り少なくなったとします。

すると、「ちょっとだけ首の長いキリン」は、ちょっとだけとはいえ高いところにある食料（木の葉など）も余計に食べることができますよね。

反対に首の短いキリンは、届く範囲の草がなくなってしまえばもはや生きる術《すべ》はありません。背の小さいことをウリにして、小さい仲間と**ミニモニのようなキュートなユニット**を結成して歌って踊っても、それで生計を立てていくことはできません。食料も満足に確保できないときには、他のキリンも娯楽を楽しむ余裕などないのですから。

そうすると、残念ながら背の低いキリンたちは食べ物がなく死んでしまい、ちょっとだけ首の長いキリンが生き残ることになります。

環境に適応した個体が生き残るというこの流れを〝自然選択（あるいは自然淘汰）〟といいますが、その後、生き残った「ちょっとだけ首の長いキリン」同士が子どもを作ることにより、結果すべてのキリンはちょっとだけ首が長いキリンになるのです。

さらに、再びあるとき食料難の時代がやって来ると、今度はちょっとだけ首が長いキリンの中でもさらに平均以上に首の長いキリンだけが生き残り、その過程を繰り返すことでキリン界の首の長さはぐっと底上げされたのです。

そしてキリンは最終的に今の姿へと進化しました。

そう、極端な言い方をすれば、キリンの首が長いのは**ただの個性**なのです(涙)。

「キリンは高いところの葉を食べようとがんばっていたら首が伸びた」という誤解と、ダーウィンの進化論との違いは、**誰の意思で進化が起こったのか**ということです。

前者はキリン自身のがんばりであり意思ですが、後者は〝自然環境〟がキリンの首の長さを決定したのです。自然の意思、とも言えるかもしれません。

残念ながら、あるキリンが自分で一生懸命がんばって首を伸ばしたとしても、それは進化につながりません。

たとえば首の短いキリンが毎日整体に通い、整体師さんに首をボキボキ鳴らしてもらったりタオルでけん引してもらったりして首の延長に成功したとしても、そうやって後から身につけた特徴（これを〝獲得形質〟といいます）というのは、**子どもに遺伝しない**のです。

今は日本や韓国、中国などで整形がブームになっていますが、整形美女（もしくは整形イケメン）と結婚して子どもが生まれても、当然親の整形後の美しさは子どもに反映されません。

ということは、配偶者の整形の過去を知らずに結婚したとして、**生まれた子どもの顔を見て「あ、もしかしてあいつ整形してたんだ（涙）」と気づいてしまうという悲劇**が起こりかねません。まったく恐ろしい時代になったものです。

少々希望のない話かもしれませんが、獲得形質＝本人が努力して獲得した特徴は、子孫には受け継がれません。遺伝する情報というのは、基本的には（ある程度の個体差は出るとはいえ）**親が生まれつき持っている本質的な特徴だけ**です。

たとえば歴史上の人物で、名君の子どもがいきなりとんでもないバカ息子だったりすることがあります。三国志の主人公・劉備や秦の始皇帝の息子というのは、それぞれ中国では「愚か者」「馬鹿」の代名詞となっているくらいです。

しかしそれは「親に比べて子がバカ息子」なのではなく、むしろ実は**親も本質はバカだったと**言えるのかもしれません。ただし劉備や始皇帝は、戦乱の中いくつも修羅場をくぐることで人間的に圧倒的な成長を遂げ名君になったのです。それは立派なことです。ただ、獲得形質は遺伝しないため、子どもは**修羅場をくぐる前の本質の状態で生まれてくる**という結果、すでに戦乱が終わり成長の余地のないバカな2代目はあっさり国を滅ぼすのです。

現在は、このダーウィンの進化論に「遺伝子の突然変異」などの現象を加えた〝総合説〟というものが進化の考え方の主流になっていますが、基本的なストーリーはダーウィンの進化論からさほど変わっていません。

つまり、様々な個体の中から最も環境に適した特徴を持つ個体が自然選択により生き残り繁殖し、その特徴が種の全体に広がっていくというのが進化の仕組みなのです。

では引き続き、もう少し具体的に生物の進化について探っていきたいと思います。

補足
「同じ種」「違う種」というときの「種」という言葉には、「交配して子孫を残せる場合には同じ種とみなす」という決まりがあります。ですから人種が違ってもヒトはまとめてひとつの種です。

馬とロバをかけあわせてラバという雑種が生まれるような場合もありますが、雑種とい

うのは繁殖能力を持たないためその先の子孫が残せません。よってロバと馬は違う種と

いうことになります。ちなみに犬の「雑種」は「異なる種同士が交配した」という意味

の雑種ではなく、ヒトと同じく犬種が違ってもワンちゃんはまとめてひとつの種ですの

でご注意ください。

進化論――その②
「個体差または突然変異」

進化の上で大事なのは〝変種〟、つまり**おかしなやつ**です。

たとえば一定の長さの首を持ったキリンの中で、個体差や遺伝子の突然変異により妙に首の長いキリンが生まれれば、それは変種です。

他の子と比べて極端に首の長い「首長キリンのキリ男くん」は、学校ではクラスメートからいじめられていたかもしれません。

社会科の授業で「子ども手当に反対する全国30市町村の首長《しゅちょう》が会合を開き……」という文章が出てきたら、「うわ首長だってよ！　キリ男、おまえのことじゃねーのか(笑)!?」とからかわれたかもしれません。修学旅行で「女風呂がのぞかれた」という被害報告があったら、背の高いキリ男くんに真っ先に疑いの矛先が向けられたかもしれません。

でも、辛い少年時代を歯を食いしばって耐え、やがて食料難が世界を襲うころ自然選択によりキリン界の最後の勝者となったのは、高いところの葉っぱも食べられる首の長いキリ男くんとその一族だったのです。

つまり、**変なやつこそが、進化の鍵を握っているのです。**

でも、実は濡れ衣と思いきや修学旅行で女風呂をのぞいていたのは本当にキリ男くんだったのですが、もはや関係者は自然淘汰で全滅してしまっているため、彼の罪は永遠に闇の中に葬られるのでした……（この話はフィクションです）。

もしこれを読んでいる人の中に、「自分はみんなと違う」「変なやつだとからかわれる」、そんなことで悩んでいる少年少女がいたら、自分こそがヒトの進化の鍵を握っている可能性があるということを思い出してください。

むしろキミは、自分が変だということに誇りを持つべきです。もしも変種が生まれずひとつの種にまったく多様性がなければ、その種は簡単に絶滅してしまうのですから。新しい土地や食べ物に適応し、他の個体が対抗できないような病原菌と戦える変種こそが、その種を守ることができるのです。

地球上には現在発見されているだけで２００万近い種がいますが、どの種も例外なくキリンのような自然選択による進化の道を歩んできたと考えられます。

たとえば、「オオカバマダラ」という蝶がいます。この蝶は、鳥が彼らを食べると**「ウゲー！ 不味《まず》いっ！」**と感じるように進化しました。

オオカバマダラは幼虫のときから有毒な草をエサにして育つため体内に毒が蓄積し、仮に鳥が彼らを襲って食べたとしても、あまりの不味さと毒々しさに吐き出してしまいその後は二度と食べようとしません。

大昔には、この蝶もきっと美味しい蝶だったのでしょう。しかしあるとき、たまたま周りとは食生活が違う**ちょっと不味い変種**が登場したのです。

他の子と比べて体が不味い（それどころか毒がある）オオカバマダラのカバ男くんは、きっとクラスメートからいじめを受けたことでしょう。

「一緒にプールに入りたくない」「カバ男とはジュースの回し飲みをしたくない」などと言われるのは日常茶飯事、「あいつが鍋をつつくとダシが有毒になる」ということで**友人宅での鍋パーティにも呼ばれず**、他蝶から避けられる寂しい蝶生を送っていたことと思われます。

でも、やがて天敵の鳥が襲来し、リア充生活を送っていた美味しい蝶たちをバリバリと喰らい尽くしたころ、自然選択により生き残りオオカバマダラ界の最後の勝者となったのは、誰あろう不味いカバ男くんとその一族だったのです。

ちなみに、同じく蝶の仲間に「カバイチモンジ」という種がいますが、この蝶自体は別に不味くもなく毒もないのだけど、彼らは**不味いオオカバマダラに外見を似せることによって不味いフリをして鳥から身を守っています（これを〝擬態〟といいます）**。

これもまた、進化のたまものです。カバイチモンジの中で他の個体よりもオオカバマダラに似ている傾向がある子たちが、いじめられっ子の辛い蝶生を乗り越えた末に最後の勝者となり、彼らがどんどん子孫を残すことによって種全体がオオカバマダラに似た姿に進化したのです。

しかし、これは本家のオオカバマダラにとっては**迷惑この上ない話**だと思います。だって、今まで「噂によるとこいつは不味いんだよな〜」ということで両方の種を食べるのを避けていた鳥が、たまたまあまりにもお腹が空いたのでカバイチモンジを食べてみたところ、「あれちょっと待って？　全然不味くないじゃん！　意外！　俺食わず嫌いだっただけなのかなあ？」と勘違いし、**次は自信を持って本物のオオカバマダラまで食べようとする**ということがありそうではないですか。

これは元祖オオカバマダラにとってはとんでもない話ですね。断りなく外見を模倣されているわけですし、これはカバイチモンジを**知的財産権の侵害**で動物裁判所に訴えてもいいレベルだと思います。

また、ヘビの中にも、毒ヘビに擬態する種がいます。

本当は毒なんて持っていないのに、進化の過程で敵から身を守るために毒があるフリをするようになったわけです。

人間でも、本当は全然悪くないのに、**女の子の前では妙にワルぶって毒を持っているフリをする男性**がいますよね。無理矢理ちょい悪オヤジを装うおじさんも同様ですが、彼らは**不良に擬態**しているわけです。

でも、さすがヒトの場合は知能が発達しているだけあって、人間の女性はその擬態を**あっさり見抜きます。**小細工を労しても、女の子の目というのはごまかせないんです。もうちょっと女性には**第六感の進化を控えめにしてほしかったところです。**

ところで、種というのは進化すると同時に、多くの種に分化していきます。

そもそもキリンもヒトも猫のタマもグラビアアイドルもすべてのほ乳類は2億年前にはネズミのような姿をしていましたし、ほ乳類も爬虫類も鳥も魚も蝶も、すべての生物は30億年前には海に住む〝原核生物〟という核のない単細胞なやつでした。

ということは、単純に考えて現在200万の種があるならば、過去に200万回の種の分化が起こっていなければならないのです。

種が分かれるというのは、お互いに書類に判を押して役所に提出すればハイ完了という、離婚のような簡単なものではありません。

なんてことを言うと「離婚が簡単なものだなんて冗談じゃないぞ！」というバツありの方からのクレームが聞こえてきますが、はい、おっしゃる通りです。さぞかしご苦労なされたことでしょう。心よりご同情申し上げます。

それはともかく、種の分化の大きな要因となるのは、地理的な隔離です。

ある地域に住んでいる種が、たとえば山脈や川の形成により強制的に2つに隔てられたり、あるいは種の中の一部の個体たちが自ら別の土地に移り、それぞれ異なる環境の下で進化すると、いずれお互いに交配もできない独自の種になることがあります。これが種の分化の流れです。

自然の変化による強制的な隔離はともかく、種の一部のグループだけが自ら別の土地に出ていくというのは、そこに深いストーリーがあったであろうことを想像させます。

食料不足や仲間との争い、抑えきれない冒険心。借金苦からの夜逃げや恋人との駆け落ち。親や兄弟との不和。くだらねえ社会や大人たちへの抵抗。行儀よくまじめなんて、できやしなかった。夜の校舎、窓ガラス壊してまわった。この支配からの……、卒業。

あるいは、語学留学や老後の海外移住などの前向きな理由も含まれていたかもしれません。

まあ本当のところは環境の悪化からの脱出や食料を求めての移動といった理由によるものですが、ある土地から違う土地へ、あるいは海から陸へ、陸から空へと新たなる世界に展開することで、種はその数を増やしていったのです。

新しい環境に進出すれば、その種はまた新しい環境に合わせて進化をします。

人間だって、住む土地や環境が変われば個人の特徴も変わりますよね。太田裕美さんの『木綿のハンカチーフ』を思い出してください。**東へと向かう列車で旅立った恋人は、いつしか都会の絵の具に染まり、彼女のことを忘れて変わっていってしまうのです。**

まあそれは進化とはちょっと違うのでもっと顕著な例を出しますと、インドネシアのフローレス島という島に住んでいた、〝フローレス原人（ホモ・フローレシエンシス）〟という種がいます。

彼らはおよそ10万年前になんらかの理由（詳しくはわかっていません）で島に移住してきたのですが、そこで限られた資源に適応するため、体が小さく進化し、大人でも身長が1メートルまでしか成長しなかったといいます。

フローレス原人は、種の分化により誕生した**小型化した人類**だったのです。

彼らは石器を使い小型のゾウやコモドオオトカゲを狩り、また**ミニモニ。のようなキュートなユニット**を結成して歌い踊りながら暮らしていたようですが、惜しくも1万2000年ほど前に火山の噴火により絶滅してしまったそうです。

限られた食料や資源に対応するためにヒトが小型化するのならば、もしかしたら地球全体の資源の枯渇によって、将来の人類も同じように小さくなってしまうかもしれませんね。**人類総ミニモニ化**です。しかしエネルギー問題や人口問題にとって、ヒトの小型化というのはひとつの解決策なのかもしれません。

それでは次の項目では、進化の中でも他の種、もしくは異性との関わりによる進化について見ていくことにします。

補足
フローレス原人が小さくなったのは島嶼化《とうしょか》（島のような特殊な環境下で起こる独自の進化）によるものだと言われていますが、一方で「単に病気で小さくなっただけだ」という説もあります。まだ完全な真実の解明には至っていませんが、「ミニモニ。を結成して踊りながら暮らしていた」ということだけは確実に誤りです。お詫びして訂正いたします（涙）。

進化論――その③
「共進化と性選択」

ガラパゴスの生物のわずかな形質の違いから進化論を導いたチャールズ・ダーウィンは、物事を論理的に考えられる、几帳面な性格の人でした。

その性格は私生活でも十分に発揮され、彼はいとこの女性との婚約を考えるときも、結婚のメリットとデメリットを並べた一覧表を作り、どうすべきか悩んだといいます。

結果彼は熟慮の上で結婚を選んだわけですが、しかし、どうかこれを読んでいる未婚の方は、**決してダーウィンの真似をしないようにしてください。**

彼の挙げた結婚のメリットは、①奥さんが家事をしてくれる、②一生の伴侶がいることの幸せ、③優しい妻とともにソファーに座り、暖炉のそばで本を読む暮らしの喜び……というようなものでした。

もうおわかりだと思いますが、**これは150年前のつつましやかな女性が相手だからこそ**

考えられるメリットです。

もし女性が強くなった今の時代で、結婚を考えた男性のみなさんがメリットとデメリットの一覧表を作って検討をはじめたら、**必ず「結婚しない」という結論が導き出されるに違いありません。**

いけません。**結婚だけは几帳面に考えてはいけません。**いつも論理的なあなたも、結婚に関してだけは出来心に従い勢いで決めてしまいましょう。それがヒトという種の存続のためなのです。

それでは本題に進みまして、今回は生物の進化の中でも特に「他の種（もしくは他の個体）との関わりの中で起こる進化」についてご紹介したいと思います。

アメリカの西海岸に、「サメハダイモリ」という、鮫肌《さめはだ》のイモリがいます。

このイモリは皮膚に猛毒を持っており、その威力は1匹で人間を何十人も殺せるほどです。

しかし、捕食者から自分の身を守るためだけなら、そこまで強い毒を用意しなくてもいいと思いませんか？　せいぜい1人分の致死量もあれば、自衛には十分なはずです。

なぜサメハダさんがそこまで猛烈な毒を持つように進化したかというと、そこで浮上するのが天敵である「ガーターヘビ」の存在です。

ガーターヘビというヘビはサメハダイモリを襲って食料にしてしまうのですが、彼らは人間が何十人も死ぬような猛毒を喰らっても、死ぬことはありません。なにを隠そうこのヘビは、**サメハダイモリの毒を食べても平気なように進化してしまった**のです。

そもそも、遠い昔のガーターヘビには毒への耐性などなかったはずです。当初はサメハダイモリをひとなめ味見しただけで、コロリと成仏されていたことでしょう。イモリもイモリで、昔持っていた毒は、殺せてせいぜい1人や2人という**控えめな殺人量**だったはずです。

ところが、自然選択によりたまたま「毒を食べても全然平気」という、人間で言えばガラスを食べるインド人のような**ビックリ人間タイプ**の胃腸の強いガーターヘビが生き残り、時を経てガーターヘビは種全体として毒に耐性のある生物へと進化していったのでしょう。

困ったのはサメハダイモリの方ですが、ここで彼らにも自然選択の力が働きました。イモリの方もヘビに対抗して全体的に毒性の強い方向へ進化し、最初は1人致死だったものが2人致死へ、4人5人6人と、しまいには何十人という大量殺人をも実行できるような、猛烈な猛毒を持つ存在へと進化していったのです。

2種の生物は、そのようにお互いに切磋琢磨して、いつしか人間が置いてきぼりにされるくらい手の届かない強さを手に入れてしまったのです。『ドラゴンボール』で言えば、イモリとヘビはお互いにライバル意識むき出しで強くなる悟空とベジータの関係であり、私たち人間は**2人の争いから完全に取り残されたヤムチャです。**

このように、2つもしくはそれ以上の種が、それぞれ相手に影響を与え影響されながら進化することを、〝共進化〟といいます。

こうして共進化について学んでみると、ライバルというものがいかに生物を成長させるかということがよくわかりますね。人間の世界でもそうですし、少年マンガの世界でもそうですし、進化の世界でも同じです。

余談ですが、たいていの物語の中では、切磋琢磨して強くなったライバルの2人は、いつしか友情が芽生え**強敵《とも》と呼べる存在**になるものです。

今や交通の発達によって、野生動物の世界もボーダーレスになっています。もしかしたらアメリカに住むサメハダイモリも、いつか中国やロシアあたりからやって来た外来種の天敵と一戦を交えるときが来るかもしれません。中国拳法や旧ソ連の軍隊格闘術を使いこなす外来種は、とてつもなく強いことでしょう。

でも、サメハダイモリが見知らぬ土地から来た強敵に叩きのめされ絶体絶命になったとき、突然背後から**「情けねえぞサメハダ！」**という声が響くのです。そして振り返ったサメハダイモリの目に映るのは……………、**武装した仲間を引き連れて応援に駆けつけた、ガーターヘビの一団なのです。**

やがて乱戦を制し外来種を追い払い、傷だらけになったサメハダイモリとガーターヘビは、熱い握手を交わします。そして夕陽に照らされる2人を包むように、どこからかこんな曲が流れてくるのです。**あした～今日よりも好きになれる～～、あふれる想～いが止まらない、今も～こんなに好きでいるのに～言葉にでき～な～い～♪**（ドラマ『ＲＯＯＫＩＥＳ』のテーマ）

………………。

まあ、そういうのは物語の中の話なので、実際のヘビは相手のイモリが弱っていたらここぞとばかり**食べますけどね。**

さて、共進化ではイモリとヘビ、悟空とベジータのように異なる種が（悟空とベジータは同じ種ですか）争うようにして進化をしましたが、異種ではなく、「異性」の影響で進化が進むということもあります。それが〝性選択〟による進化です。

簡単に言ってしまえば、生物は**異性からモテる形に進化する**ということです。

生物の進化の基準となるのはまずは環境への適応力であり生存能力ですが、「いかに多くの子孫を残せるか」という繁殖力もまた同じくらい重要になります。

あらゆる生物は、できる限り子孫を残すことが義務です。なにしろ子孫を残さなければ種は滅びます。

そして、多くの生物は**オスを選ぶ権利をメスが握っています。**まあ、人間の場合もだいたいそうですよね……。

その結果、特に一夫多妻制が当たり前の動物の世界ではモテない個体は子孫を残せず、モテるやつだけがどんどん子どもを作るため、いずれその種のオスはメスの好みの形をした個体ばかりということになるのです。

でも、それなら**もうそろそろ人間の男もイケメンばかりになっていないとおかしいのに、**いまだに我々には厳しい個体差があるのはなぜでしょう。実に不思議です。不公平です。

あまりこういうことを言うのは良くないかもしれませんが、ここだけの話、小さい声で言いますが、これは一夫一妻制の弊害かもしれません。一夫一妻で誰でも子孫を残せるようにしてしまったら、自然選択による進化が働かないですからね……。その点一夫多妻制ならきっちり生物として自然な形で進化していけるので、この際人類のために日本も一夫多妻制を導入したらいいのにね……なんてことは**私はこれっぽっちも思っていません。本当にまったく思っていません。そんなことを世界で一番思っていない人間がこの私です。**

性選択の仕組みを、もう少し具体的に見てみましょう。

たとえば、クジャクは羽が大きくて派手なオスがモテます。それは、羽の立派なオスを「この男性は立派な羽を作れるくらい健康なんだから、きっと強い遺伝子を持っているのよね」とメスが判断するためです。

よって、羽が立派なオスだけがメスに選ばれ子孫を残す結果、いつしかクジャクのオスは全体として羽が大きく派手に進化するのです。

ライオンのたてがみも同じですし、キリンの首の長さにも実は性選択が働いています。つまり、**首の長いキリンの方がモテた**ということです。とはいえ、食料不足の中では食べ物を取れる首の長いキリンがモテるのは当たり前ですけどね……。経済力のある男性がモテるのは世の常です。

ちなみに、クジャクやライオンと同じように、私たちヒトも、無意識に強い遺伝子を残すことを想定して異性を選んでいます。

さあみなさん、ここから注目ですよ。

では発表しましょう。

多くの研究によれば、ヒトの女性が男性を選ぶとき、本能的に気にするところは、**体が左右対称かどうか**というところです。

顔にしろ手足にしろ、左右対称なオスは健康な遺伝子を持っていると直感的に女性に判断されます。女性は、左右対称で均整の取れている男性に魅力を感じるのです。

男性のみなさん、こうなったら、左右対称になるしかありませんよ。

とりあえず、**髪型は今日から中分けです。**左右どこかの歯が抜けていたら、**もう片方の歯も抜きましょう。**頬に刀傷がある人は、**もう片方も切りましょう。**腕時計を、**両腕につけましょう。ショルダーバッグではなく、リュックサックを背負いましょう。ついでにバンダナも巻きましょう。**そうすれば、あなたも明日からモテモテ間違いなしです！

反対に、女性のみなさん注目です。

ヒトの男性が直感的に女性に魅力を感じるところは、**ウエストのくびれ**です。これは人種を問わず共通しています。地域によってはふくよかな女性が好まれるところ（サモアとかトンガとか）もありますが、しかしそのような場所でも一様に、**ウエストとヒップのサイズが7：10という比率の女性が最もモテます。**

これはやはり、その比率のくびれを持つ女性が健康であり良い子孫が残せるとオスが判断するからです。

それさえわかれば、もう後は簡単ですよね。別にウェストを引きしめる必要はないんです。その腹周りのまま、**尻パッドを入れてお尻の方を膨らまし、ウエストとの比率を7：10にすればいいのです。**その上でサモアやトンガに移住すればもう間違いなしです。

ひとつの種は、環境に適応すると同時に、共進化と性選択によりライバルや異性との関係の中で複雑に進化していきます。

種の進化は、私たちの人生にも通じます。

進化を「人間の成長」に置き換えるならば、私たちが成長するために必要なのは、環境とライバル、そしてもうひとつ**「モテたいという気持ち」**です。

人としての成長を続けるためにも、いつまでもモテたい気持ちは忘れたくないものですね。

進化論――その④
「生きた化石」

種は、永遠に生き続けられるわけではありません。

平均すればひとつの種は１００万年程度で絶滅しており、今も存在している種は、地球上に現れたすべての種の中のたった1パーセント程度です。

私たち現生人類、ホモ・サピエンスは誕生から20万年ほどしか経っていませんので、種としてはまだ幼い子どものようなものです。

そんな子どもである私たち人類が、長老として敬わなければならない生物の大先輩がいます。それが、**ワニ**です。

ワニの種としての年齢は、なんと2億歳です。その誕生は恐竜の出現とあまり変わらない時期であり、彼らはほとんど進化もせず今と同じ姿のまま、およそ1億５０００万年を恐竜たちと一緒に生きていたのです。

たしかに、あれらは「爬虫類」というより**「恐竜」といった方がずっとしっくりくるおどろおどろしい外見**ですよね。

もし現生人類がタイムスリップしてジュラ紀の生態系に混ざったらすごく浮いた存在になると思いますが、平成生まれのワニが過去にタイムスリップして恐竜に混ざった光景を想像してみても、**まったく違和感がありません。**ワニ自身も、たとえタイムマシンの故障で現代に戻れなくなったとしても、そのままジュラ紀の生活に**あっさりなじむ**のではないでしょうか。進化をしていないというのは強いですね。

ワニたちを映画館に連れていって『ジュラシック・パーク』を見せたら、「昔はよかった(涙)」と**懐かしい旧友たちの姿**に涙ぐむかもしれません。ただ、ワニの涙はうそ泣きの場合が多いですから、安易に同情はできないですけどね……。

とそんな歴史あるワニ長老ではありますが、しかしこの世界、上には上がいるものです。私たちの大先輩であるワニ長老が、さらに敬わなければならない**大大先輩の最長老**が、実はなにを隠そう我々のすぐ近くにいらっしゃるのです。

その気高く神々しい最長老さまこそが、3億年もの古代から地球の生命の進化をひっそりと見守っていらっしゃる、**ゴキブリさまです。**

ゴキブリさまは、ワニや恐竜よりもさらに1億年も歴史が古く、恐竜ほどのものが絶滅した6500万年前の隕石の大衝突すら乗り越えて、太古の時代から姿、形、サイズほとんどそのままに現代まで生き延びていらっしゃるのでございます。

日本で発見された昆虫の化石の中でも最古のものが、2億3000万年前の地層から出てきたゴキブリさまの化石です。日本列島ができたころはまだほ乳類はおらず、昆虫の世界でゴキブリさまが天下を握っておられたのです。

ああ……、なんだか、尊敬すべき大先輩である最長老さまに言う言葉ではないかもしれませんが、ゴキブリさま、**恐竜と一緒に絶滅してくださったらよかったのに。**どうして生き延びてしまったのでしょうか。**いまいましいです。**

私は研究者ですので物理や生物、三国志遺跡やオーパーツの研究のためたまに海外に行くことがありますが、なにしろ低予算のため、泊まるのは必ず1泊数百円という絶望的な安宿です。

そんな安宿に泊まっていると、もれなくゴキブリ（敬称略）に出くわすことになるのですが、**海外のゴキブリは、日本以上に悪いんです。**

アジアの宿では読書中に肩を這われましたし、アフリカでは洗面用具入れから取り出したマイタオルの中になぜかゴキブリのバラバラ死体が練り込まれていました。中国の赤壁では中華ゴキブリにノートパソコンの上を無人の野を行くがごとく縦横に駆け巡られ、中米ではシャワーを浴びていると排水口から登場したゴキブリに足を噛まれました。

みなさん、知っていましたか？　ゴキブリって、噛むんですよ。

どうですか。**「ゴキブリが噛む」ということを、実体験で学ぶことがどれだけ辛いことかわかりますか（涙）？**

ゴキブリが噛むというのは知っていて損はない知識かもしれませんが、そんなことは昆虫図鑑を見て知ればいい話ですよ。**なんでゴキブリが噛むということを自分がゴキブリに噛まれて学ばなきゃいけないんですか（号泣）**。しかもシャワー中なんて、こちらは全裸であり完全無防備なんです。なされるがままなんです（大号泣）。

ちなみに私は潔癖症な上に虫が大の苦手ですので、旅先でゴキに出くわすとその度に**「キャ〜〜〜ッッ!!」**と黄色い絶叫を轟《とどろ》かせ狂乱しながら逃げ回ります。時としてキンチョールを闇雲に乱射しながら……。

海外のゴキブリというのは、このように相当な悪党なのです。それに比べれば日本のゴキブリなんてかわいく見えてきますよ。…………。いいえ、**かわいく見えません。どんなゴキブリだろうとかわいく見えることは断じてありません。**

彼らが幾度となく地球上の種の大量絶滅を乗り越えられたのは、雑食でなんでも食べる上に小さな体で食料をあまり必要とせず、なおかつ抜群の繁殖力と個体数を誇ったためです。

それに、彼らは体の構造もすごいんです。

昆虫は背骨を持たない無脊椎動物ですが、その代わり表皮が骨のように固くなり、体を守る役割を果たしています。まるで**全身を覆う防弾チョッキ**を着ているようなものです。だからあいつらはちょっと叩いたくらいではこたえないし、仕留めたと思ってティッシュでくるんで捨てても5分後にゴミ箱から妖怪のように復活してきたりするのです。

3億年前からほとんど進化していないというのは、つまり3億年前の時点で**すでに完成形だった**ということを意味します。

はっきり言ってやつらには完成品としての美しさなどまったく感じませんが（長老を敬う気持ちはどこへ）、しかし前述の通りいろいろな身体的特徴を活かして絶滅を回避しているわけですから、そういう意味では彼らは生物として洗練された、完成品の完全体なのかもしれません。

その完全ぶりを示す能力は他にもあって、たとえば動く速さがそうです。

ゴキブリは1秒間でおよそ1メートルを走りますが、これは人間の身長で考えると**100**

メートルを1秒で走る計算になると言われています。もちろん驚異的な世界記録ですし、その次元のスピードではもはや彼らは特殊相対性理論により**周囲の時間が遅れて見えているか**もしれません。だからやつらは自分を叩こうとする人間からあんなに簡単に逃げられるのではないでしょうか。

しかし、実はゴキが逃亡の達人なのにはこれはまた別の特殊能力があるためで、なんと彼らは**体の後ろの方にも脳がある**んです。

厳密には脳というところまではいかない、神経の集まったセンサーのようなものですが、背後から狙われても、やつらはそのセンサーで**空気の流れを読んで逃げやがる**んです。

背後からの攻撃を空気を読んで避けるなど、**宮本武蔵でも不可能だったのではないでしょうか**。もはや格闘マンガの主人公がストーリーの最後の方にやっとたどり着く、悟りの境地の世界じゃないですか。さすがに3億年の歴史を持つ完全体は違いますね。**悔しいです**。存在自体がKYなくせして……。

そもそもゴキブリというのは森に住む昆虫であり、今でも全体の9割は森の中で生活をしているそうです。

9割が森で生活しているということは、残りの1割はなんなんでしょう。**パイオニアでし**

ようか。

そうその通りです。森を捨て新しい環境に飛び出した1割のパイオニアたちが、私たちの生活に入り込み日夜多くの絶叫を生んでいるわけです。

パイオニアは森から出るだけでなく、**世界進出**をも果たしました。

たとえばチャバネゴキブリは、18世紀ごろに原産地であるアフリカから飛び出し北上してヨーロッパへ渡り、そこから鉄道や飛行機など発達した交通機関に乗り込みアジアをはじめ全世界へ散っていったといいます。

鉄道や飛行機で移動するなんて、**ゴキブリのくせに生意気過ぎます。**いったい各国の入管はなにをやっているんでしょうか。パスポートも持っていない不法入国者を、どうしてそんなにやすやすと入国させているんですか。たるんでますね。

まあゴキブリの事情も知らずに不法入国者呼ばわりは失礼かもしれませんが、しかし少なくとも私は今まで**イミグレーションに並んでいるゴキブリを見たことがありません。**だいたい、パスポートを持っていたって本当に本人かどうか顔写真で判別ができないじゃないですか。みんな同じ顔なんだから。

日本にも、沖縄にオキナワチャバネゴキブリというゴキがいるのですが、なんでも彼らの一部は数年前にアメリカの**フロリダに進出**し、パーティの最中などに這い回ってアメリカ人の顰蹙《ひんしゅく》をかっているというのです。

どう思いますか？　地方のいちゴキブリが、飛行機に乗ってフロリダに移住し今や現地でパーティにすら参加しているんですよ？　はっきり言って、そういう華やかな場が苦手な純日本人の私としてはその行動力が**うらやましいです。**ちくしょう(涙)。

もちろん、アグレッシブなゴキブリといえども異国に進出する際にはそれなりに苦労が伴うものです。

なんでも、ゴキブリも人間と同じく24時間周期の体内時計を持っており、飛行機で海外に行くと**時差ボケする**というのです。

なんでしょう……、もはやゴキブリがゴキブリではなく、**小さい人間に見えてきました。**

ちなみに、沖縄出身のオキナワチャバネゴキブリに対抗して、京都にもキョウトゴキブリというゴキブリがいます。

こちらは1960年という比較的最近に発見されたゴキブリですが、京都産というからにはおそらく他の種のゴキブリと比べて**雅《みやび》な雰囲気**を持っているのだろうと思います。彼女たちは決して冷蔵庫の中身を食べ荒らすような品のないことはせず、人間から逃げるときも「かんにんえ、かんにんえ」と京言葉を使いこなし**はんなりとした振る舞い**を見せるのではないでしょうか。……まあ、知りませんけど。

　というわけで今回は、「生きた化石」とすら呼ばれる生物界の大先輩であるゴキブリさまが、いかに完全で崇高なる存在かということを謹んで申し述べさせていただきました。

　きっと、みなさんがゴキブリ先輩に抱く印象もかなり変わったのではないでしょうか？

　先輩には、敬意を抱かなければいけません。

　だから、これからは部屋にゴキブリ先輩が現れたら、**全力で叩き潰すようにしましょう。**決して手を抜いてはいけません。なにしろ、**後輩に手加減をされるというのは男として最も屈辱的なことなのです。**目上の方には持ちうるすべての力でぶつかっていく、そして全力で引導を渡してあげるというのが、私たち後輩ができる先輩への**恩返しなのです。**

　それでは次は進化の項目の最後として、いよいよ私たち人間の進化に目を向けてみたいと思います。

補足
ゴキブリは下半身のセンサーで空気を察知して逃亡するため、後ろからよりもむしろ前から叩いた方が仕留められる確率は高いそうです。ただし、前から狙って外したらそのままゴキちゃんはあなたに突撃してきますので、ぜひ一発必中の覚悟を持って挑んでください。

進化論――その⑤
「ネオテニー化」

ワニ先輩やゴキブリ長老と違い、私たちヒトは種としてみればまだまだ子どものようなものです。非常に若い。ヤングマンです。

だからこそゴキ長老は「まだまだ若いもんには負けんわい！」と対抗意識を燃やして私たち人間の前を全速力で走るわけですが、出る杭は打たれるし走る長老は潰されます。

きっとペチャッとなりながら長老は「今時の若いもんは年長者を敬うということを知らんのう……ピクピク」と嘆いているでしょうが、それはともかく、ここからは種のヤングジェネレーションたるヒトの進化について勉強していくことにします。

そもそも、若き日のワニ先輩やゴキブリ長老がすでに完成品として堂々たる振る舞いを見せていた2億年前のジュラ紀、私たちほ乳類の祖先はネズミのような健気な姿をして、巨大な爬虫類から身を隠し細々と生きていました。

しかし今から6500万年前、巨大隕石の衝突によって、それまで天下を握っていた恐竜をはじめ多くの種が地球上から姿を消しました。ご先祖様のネズミは、幸いにもその小さな体と体温調節の機能のおかげで絶滅の危機を乗り越えることができたのです。

ジュラ紀から白亜紀まで1億6000万年もの間、ご先祖様は捕食者から逃げ回り夜陰に乗じて活動し、厳しい時代を耐え抜きました。そして6500万年前、多くの天敵の消滅を機に一気に種の進化と分化を進め、ついには地球をその手に牛耳るに至ったのです。

私たちほ乳類は、**生物界の徳川家康です。**泣かぬなら、泣くまで待とうホトトギス。滅びぬなら、滅びるまで待とう巨大爬虫類。

家康公は「ヒトの一生は、重き荷を負うて遠き道を行くが如し」とおっしゃいましたが、私たちのご先祖様はまさに重い荷物を背負って、1億6000万年という遠い道を歩いてこられたのです。

しかしこと私たち現生人類に限って言えば、重荷を背負って苦労していた恐竜時代の記憶はまったくなく、気づいたらすでにゴール地点に到着していたことになります。むしろ我々は、**ご先祖様が背負っていた重荷の中に忍び込んで目的地まで運んでもらったような横着な存在**だと言えます。これはラッキーですね。

地球をひとつの戦乱の国と見立てれば、私たちは天下平定後に生まれた将軍の跡取りのようなものです。いやあ、これは危ないですね。以前も述べましたが、**こういう2代目のバカ息子が親の苦労も知らずに無茶をして地球を滅ぼすんです。**

しかしラッキーといえば、そもそも6500万年前に地球に隕石が衝突しなければ私たちヒトが誕生することはありませんでしたし、それ以前のほ乳類の誕生、生命の誕生に地球の誕生に太陽の誕生に宇宙の誕生まで考えると、私たちヒトが今こうして現実世界に存在していられるのは**何万回何億回という奇跡が重なった結果**だと言えます。だから、今さら宝くじが当たらないくらいで嘆くのはやめましょう。あなたは今こうして地球上に無事に存在していられるということだけで、**すでに運を使い果たしているのですから。**

恐竜の絶滅後6000万年ほどの進化の過程は中略としますが、いつしか猿のような姿となったご先祖様は、今から600万年ほど前に樹上からサバンナに降り立ち二足歩行をはじめ、道具を使い言葉を覚え脳が発達し現代に至りました。

つくづく、進化ってすごいと思いませんか？

だって、1匹のネズミが時を経て、アンジェリーナ・ジョリーやアーノルド・シュワルツェネッガーに姿を変えているんですよ？　1匹のネズミが時を経て、月面に降り立ったり重力や素粒子の謎を解き明かしたり透明マントを開発したりしているんですよ？

童話『シンデレラ』では魔女がネズミに魔法をかけてカボチャをひく馬に変身させていま

したが、瞬間的ではないにせよあんなことはこの宇宙でごく普通に起こっていることなのです。

ところで、人類の起源というのはアフリカにあります。

ヒトの細胞内にはミトコンドリアという小さな器官があるのですが、ミトコンドリアの遺伝子は必ず母親のものを受け継ぐようになっています。

そこでいろいろな国の人々の遺伝子を調査してみたところ、私たち人類の祖先をたどると、20万年ほど前にアフリカで生きていた1人の女性に行き着くことがわかったのです。その女性は旧約聖書の登場人物にちなんで〝イブ〟もしくは〝ミトコンドリア・イブ〟と呼ばれています。

結局のところ、「人類みな兄弟」という言葉は一面ではまさに真実ということになります。あなたをいびり倒す物わかりの悪い上司も、脅迫メールを送ってくるストーカーも、時間と縁を長くたどればみんなあなたの家族なんです。そう考えると腹立ちも収まり、争う意思など消えて平和な気持ちになるのではないでしょうか？

まあ…………、**ならないですよね。**そんな簡単に割り切れるものではありませんよね。兄弟というだけで争いごとが万事解決するのなら、**伊達政宗も弟に切腹を命じませんよ。**兄弟だろうがなんだろうが、**頭に来るものは来るのです。**

まあそれはさておき、起源がアフリカにあるということは、人類というのは元々ネグロイド、つまり黒人の方々がオリジナルとなります。

その中でアフリカを出て北上した方たちがコーカソイド、白人のみなさんです。ネグロイドからコーカソイドへの分岐が起きたのはおよそ12万年前だと言われています。

さらに、そのコーカソイドがアジア方面へ進出することで、およそ6万年前にモンゴロイド、私たち黄色人種が分岐しました。

アフリカで誕生し、北上してヨーロッパへ、そして東に向かいアジアへ……。

うーんこれは、**チャバネゴキブリとまったく同じ世界進出の仕方ですね……。**

やはり私たちは、無意識に長老の通った道を歩いてきたのでしょうか。**無意識に父の背中を追っていたのでしょうか。**

ここで、ひとつおもしろい説を紹介したいと思います。

実は私たち人間は、**子どものまま大人になっている**という説があります。

一応あらかじめお断りしておきますと、オランダの解剖学者・ボルクや日本の脳科学者・澤口俊之さんがこのような考え方に立っていますが、現生人類の進化の歴史はまだ明らかになっていない点が多く、この説が100パーセント真実なのか、惜しくも70パーセントなのか涙の10パーセントなのかはズバリ断言することができません。

　というあたりを念頭に置いていただくとしてしかし着々と話を進めますが、生物学に〝ネオテニー化〟もしくは〝幼形成熟〟という言葉があります。

　これは、種が厳しい環境に関わるときに、**幼児のまま成熟する**という現象のことです。

　たとえば、ウーパールーパーという通称でおなじみの両生類「アホロートル」や、ダチョウなどは子どもの体のまま大人になっています。

　同じことがヒトの体にも起こっており、私たちは**生物としては子どものまま大人になっている**というのです。たしかに、ヒトの外見というのは猿の大人ではなく、子どもにそっくりですよね。

　なぜそんなことが起こるかというと、ヒトが森林からサバンナへ、サバンナから北へ東へと新しく厳しい環境に適応していくためには、柔軟な子どもの脳の方が便利だったのです。

　子どもは頭が柔らかいため、学習能力が非常に高いんです。これはみなさんも自分の過去を振り返って実感があるのではないでしょうか？

　私だって、子どものころはそれはそれは高い学習能力を持っていました。もしタイムマシンがあったら、私はあのころに戻って自分に言いたいです。**そんな貴重な学習能力を、キン肉マンの超人やドラクエの呪文の種類を覚えることで使い果たすんじゃないと。**

まあ説教したところで自分はどうせ聞かないでしょうけどね。なにしろ頑固な私のことですから、「俺の人生なんだから俺の好きにさせろよ！」などとクソ生意気なことを言うに決まっています。まったく許せません。親の顔が見てみたいです。

結局人間も大人になれば頭は固くなるわけですが、しかし他の種と比べれば、ヒトは幼生期の柔軟な脳のまま様々な環境に適応し進化してきたのです。

なお、ネグロイドよりコーカソイド、コーカソイドよりモンゴロイドと、後に分岐した人々の方がより新しい環境に適応する必要があったため、ネオテニー化が顕著になっているようです。

たしかに、私たち日本人は海外に行くと白人や黒人の方々から**ものすごい勢いで子ども扱いされますが**、これはもうモンゴロイドである日本人が彼らよりずっとネオテニー化しているからとしか考えられません。だから白人女性はガキんちょみたいな日本人の男なんて相手にしないんですよね……。

でも、別に我々日本男子はなりたくて幼形成熟してるわけじゃないんです。不可抗力なんですよ。

特にこれを読んでいる女性の方々には、この進化の歴史を理解していただきたいです。たとえあなたの彼氏が「ボクちんねむくなっちゃったー。ねえねえひざまくらちてよぉ。ばぶばぶ」と赤ちゃん言葉で甘えてきたとしても、**決して軽蔑してはいけません。それはネオテニー化という進化の形なのです。進化の証なのです。**

以上で進化についての章は終了となりますが、ひとつ気になるのは、これからの進化ですね。

種の平均寿命は100万年といいます。果たしてヒトは、偉大な長老たちのように平均を大きく超え、自らを生きた化石と呼ぶようになるまで長寿生活を満喫することができるのでしょうか？　それとも、不摂生により極端な早逝を迎えてしまうのでしょうか？

私は思います。

たとえヒトが絶滅しようとも、**ゴキブリ先輩だけは絶対に絶滅することはないだろうと。**

むしろ彼らは50億年後の太陽の膨張や銀河の衝突すら乗り越え、今度は別の銀河に移住して悠々と生き延びていくのではないでしょうか。

これからの科学《かがく》

感じる科学

chapter10

korekara-no-kagaku

生命の進化の歴史はおろか、１３８億年前の、宇宙誕生の瞬間の様子すら予測できてしまっている現代の科学。

もはや人類は森羅万象、この世のすべてのことを知ってしまったかのようにも感じますが、しかしまだまだ、わからないことはたくさんあります。

それはたとえば……、愛する人の心の中。

たとえ宇宙の全知識を掌中に収めた天才物理学者でも、好きになった人の心を読むことだけは決してできないのです。４００億光年の広さを誇る宇宙よりももっと謎に満ちていて、もっと難しいもの。それが人の心なのです。

……………。

と、**思いきや。**

実はそうでもなく、現代の学問は、人及び生物の感情や意思というものにも恐れ多くも探求の手を伸ばしつつあるのです。

そのひとつの分野が、脳科学です。

人間の脳には、常に微弱な電気が流れています。その電気の動きを〝脳波〟といいますが、脳科学のある研究では、人間や動物が「どんなことを考えているときにどんな脳波を描くか」ということを調べています。つまり、見えないはずの脳の中身、言うなれば「心」というものを科学的にのぞいてしまおうと試みているのです。

たとえば、こんな実験があります。

ある研究者が、1匹のネズミと「レバーを押すと水が出る機械」を用意して、ネズミにその機械の使い方を学習させました。

指導を受けたネズミは「なるほど、水がほしいときにはこのレバーを押せばいいのでチューね？」と納得し、それから喉が渇いたときには自分でせっせとレバーを操作するようになります。

そこで、ネズミの頭に電極をセットしてコンピュータにつないで観察してみると、「ネズミがレバーを押そうとしているときの脳波の状態」がわかりました。つまり、「よーしこれから僕はレバーを押しますチューよ！」と思っているときに、ネズミの脳は必ずある決まった形の脳波を描くのです。この形の脳波を、レバーからLを取って仮に「脳波L」としましょう。

次に観察者は、機械の設定を変えて、ネズミがレバーを押さなくても**脳波がLの状態になった時点で水を出す**ようにしました。レバーを操作してからではなく、ネズミが操作を「しようと思った段階」で水を出すのです。

最初こそそれまで通りせっせと、チューチュー言いながら（言ってないかもしれませんが）レバーを押して水を飲んでいた律儀なネズミくんですが、あるときふと、「おや？　おかしいでチューね。なんだか最近、僕がレバーを押チュー前に水が出てきていませんか？」と感づきます。

そう、今や実際に行動しなくても、「レバーを押しまチューよ！」と**頭の中で考えるだけで水が出る**ということに彼は気づいたのです。すると、それからネズミくんはレバーの操作をやめ、なんとびっくり**念じるだけで機械を作動させ水を飲めるようになってしまった**のです。

脳波を測定し連動させているとはいえ、ある意味これは**念力で物を操っている**ということになります。

ネズミが念力を覚える……。これは私たち人間にとっても驚きの事実ですが、特に『トムとジェリー』でネズミと百年戦争を繰り広げているトムにとっては看過できない大変なニュースではないでしょうか。

ただでさえ普段から苦戦している天敵のジェリーが、念力まで使えるようになってしまったらトムはもうかうかとピアノを弾くこともできません。なにしろ、演奏しているときに遠くからジェリーがちょっと念じるだけで、念力により**ピアノの蓋がいきなりガ〜ンと閉ま**

り、挟まれたトムの手は例によって**階段状にヒラヒラに**なってしまうという惨劇が簡単に起こるわけです。

まあトムとジェリーといえば共進化の関係にあり、お互いに特殊な方向に進化しているため、トムはトムでヒラヒラになった手を**次のシーンではあっさり元通りにしちゃう**という怪奇な能力を身につけています。なので、あまり心配する必要はないかもしれませんけど。

この脳波の調査は、もう一段階先へ進んで今度は猿を使って同じような実験が行われています。

1匹の猿と、簡単なレバー操作で動くロボットアームを用意します。途中の流れはネズミの実験と同じですが、猿の頭に電極を取り付け脳波を調べることにより、結果的にやはり猿が念力でロボットアームを操縦できるようになったのです。レバーに触れなくても、「操作しよう」と思うだけでアームを動かし物を摑《つか》んだり動かしたりできるようになったのです。

となれば、これは人間にも応用できそうですよね。

実験の猿と同じように、私たちが体にロボットアームを装着して、頭の中で考えるだけで自分の手では扱えない重い物や熱い物を持ったり、時には向かってくる車を食い止めて交通事故を防いだり、夜道では暴漢から身を守ったりといった使い方も見込まれるのではないでしょうか。

ただ、水がほしいと思っただけで水が出たり、やりたいことを考えただけで簡単にアームが動くという仕組みは、いらぬトラブルを生む可能性もあります。

たとえば私が体にロボットアームを装着して電車に乗ったとします。ロボットアームは「〇〇をしたい」と思っただけで脳波を読み取って動いてしまうわけですから、油断をするといつの間にかロボットアームが**勝手に隣の女の子のお尻を触っている**というような予期せぬ事故が起こりかねません。

まあ私はそういうふしだらな考えは一切持たない人間ですので心配は無用といえば無用ですが、万が一ということがあります。

もしそんな状況になったとしたら、**果たして私は捕まるのでしょうか。**

でも、そんなことが罪になるのはおかしいのです。私は頭の中で考えただけなんですよ？下ネタを考えること自体が悪いことですか？　いいえ違います。だって、**日本国憲法第19条において思想及び良心の自由は保障されているじゃないですか。**ただ頭の中でエッチなことを考えただけで、どうして罪に問われなければいけないんですか。そんなことが罪になるのなら、私は**前科1万犯以上の超極悪犯罪人**ということになってしまいます。いい加減にしてください。

はっきり言って、ロボットアームがお尻を触っただけなのに持ち主が捕まってしまうというのは最悪なことです。せめて、どうせ捕まるのならロボットアームではなく**自分の手で触りたい。**自らのこの手で、機械などではなく自分の手の平でお尻に触れてしっかりとそのぬくもりを……なんてことは**私はこれっぽっちも思っていません。本当にまったく思っていません。そんなことを世界で一番思っていない人間がこの私です。本当にいい加減にしてください。**

ともかく、そういうことなのです。

脳波の解析というのはすごく進んでいますよという、そういうことなのです。

となるとですよ、いつの日か、相手の脳波さえ測定できれば好きな人がなにを考えているかがわかってしまうという時代が来るかもしれません。

なにもかもわかる必要はないですが、「相手が自分のことを好きかどうか」という部分の脳波だけ読み取れるセンサーがあれば、恋愛なんてすごく簡単なものになります。「OK」か「ごめんなさい」かが告白せずとも、相手に聞かずともわかるわけですから、なにも思い悩むことはなくなりますよね。夢も見られなくなりますよね。

ということでまあ恋の話はさておき、自然科学（理系の学問）で今後特に成果が期待されている分野は、脳科学や遺伝学などの生命に関するものと、宇宙に関する分野だと言われています。

宇宙の歴史や成り立ちにはまだまだわからない点が多く、これからの新しい発見が待たれます。

生命と、宇宙。考えてみれば、生命というのは小さな宇宙のようであり、また宇宙というのは大きなひとつの生命のようでもあります。であればこの2つの分野に謎が多いというのももっともですね。

相対性理論は新しい学問のように感じますが、アインシュタインが特殊相対性理論を発表したのは1905年、一般相対性理論はその10年後の1915年です。いつの間にやら、相対性理論の誕生から100年もの時が経っています。

その100年の間、あるいは21世紀になってからのわずかな期間にだけでも、科学は飛躍的な発展を遂げています。

これからも、私たちが生きているうちに、大きな発見や発明はいくつもなされるに違いありません。しかしその発見を驚き楽しむためには、情報の受け手である私たちがある程度の知識を持っていることが要求されます。

たとえばダークエネルギーや暗黒物質の正体が解明されたら、これはまぎれもない大発見です。

でも、ダークエネルギーの正体がわかったことにより「なんだって～！」と興奮できるのは、「ダークエネルギーというよくわからない重力に逆らう存在が宇宙にあるのだ」ということを知識として知っている人だけです。元々その存在を知らずにいきなり正体だけを聞いても、そこから感銘を受けることはないでしょう。

推理小説で最後に真犯人の正体を知って驚くことができるのは、結末に至るまでのストーリーを理解している者だけなのです。

21世紀、まだまだこれから数多くの分野で研究は進み、幾多の真犯人の正体が明らかにされるはずです。

その真犯人の正体すなわち物理学界、科学界の大発見に息をのみ胸をときめかせるためにも、みなさん、これからも時々こちらの世界をのぞいてみませんか。

あとがき

この本を書くにあたり目標としたのは、相対性理論から進化論まで、各分野の「一番おもしろいところをわかりやすく伝える」ということです。

そのおもしろいというのは可笑《おか》しいという意味ではなく、たとえば「光速に近いスピードでは時間の流れが遅くなる」というような、なんだかわからないけど知的好奇心が刺激されるような事実、それを多くの人に知ってもらいたいと考えました。

教科書の記述を読むだけではなかなか頭に入ってこない理論や現象を、表現を工夫してなんとかリアルに楽しくイメージしてもらえるように心がけたつもりです。しかしそれがゆえに、時にたとえ話が暴走しＰＴＡのみなさまにはご気分を害される結果になったのではとも思います。この場を借りて浅《あさ》くお詫び申し上げます。

ともあれ、取り上げたテーマの中でなにかひとつでも読者のみなさまに興味を持っていただけたら、著者としては大変光栄で、苦労して原稿を書いた甲斐があったというものです。もしひとつも興味を持っていただけなかったら、苦労して原稿を書いた甲斐がなかったというものです(涙)。

ただ、本来ならば各章のテーマとなった研究それぞれが、それだけで何冊も（もしくは何十冊も）本が書けるほどの深く広い中身を持つものです。それを数十ページに収めるため、本書では各分野のほんの入り口もしくは出口の部分しか紹介していないということをご理解いただきたく思います。

たとえば特殊相対性理論では、「光の速度は常に一定である」という〝光速度不変の原理〟から、「動いている物体の時間は遅れる」という結果が導き出されています。

そこで本当に特殊相対性理論を理解するためには、「なぜ光の速度が常に一定だと動く物体の時間が遅れるのか」という、途中の道筋も学ばなければいけません。

そこには数式も登場しますし（特殊相対性理論の数式は難しくはありませんが）、中学や高校で習った古典物理の知識も必要となります。少しだけ敷居は高くなりますが、もしこの本で相対性理論について興味を持っていただけたなら、ぜひとも次は学生時代に戻ったつもりで本当の「相対性理論の入門書」にチャレンジしていただければと思います。

　宇宙や進化論についても同様ですし、特にトンネル効果や量子テレポーテーションを含めた量子論については、著者の力不足もありこの本で説明できたことはジグソーパズルの中のほんの一片に過ぎません。残りのパズルを埋めるため、今度は本屋さんの「現代物理コーナー」にある数々の本たちが、みなさんを待っています。


　今回、一般相対性理論での重力とパンチラに関わる計算や、その他学術的な記述についての確認作業は、20世紀末に静岡県立浜松北高校3年6組で著者の左隣の席に座っていた遅刻の多いクラスメート、現在は横浜国立大学大学院工学研究院准教授の荒木拓人君にご協力いただきました。この場を借りて御礼申し上げます。

　また、最後に、このような際どい本の出版を決定してくださった出版社のみなさまの英断と、そしてなによりこの本を読んでくださったすべての方に、心より感謝いたします。

文庫版あとがき

　この『感じる科学』は、私にとって転換点となった作品です。それまでアホとかボケとかが口癖の旅行作家として活動していた私が、初めて執筆した旅行記以外の本がこの作品でした。

　光栄にもこの本が高い評価をいただいたことがきっかけで、以後も心理学や哲学、世界の時事問題など様々な分野の「バカバカしい入門書」を出版することができました。一人の作家（アホとかボケが口癖の）の作家人生を大きく変えたという点でも、やはり科学の力は偉大だったんだなと、しみじみ感じています。

それにしても、毎回執筆の準備でたくさんの入門書・解説書を読むにつけ、この世には「入門させてくれない入門書」がいかに多いかを思い知らされます。タイトルで「入門編」「簡単」「誰でもわかる」を謳っているのに、中身は専門用語の羅列でちんぷんかんぷん、文章のあまりの不親切、理不尽さに、思わず激怒して八つ裂きにしてしまった本も数知れず……。

しかし論理的に考えてみると、「入門書が難しくなる」というカラクリもまあ理解できるのです。

なんらかの学問について入門書や解説書を書く著者の方というのは、ほとんどがその分野の専門家です。大半は大学の先生ですね。そしてそういう専門の世界に生きてらっしゃる方は、周りにいる仲間も一を聞いて十を知る秀才ばかり。たまに出来の悪い生徒がいても、「理解できないおまえが悪い！」と一喝できる立場にあるわけです。

そういう環境に長い間いる先生方は、もう「世の中の一般人にはどの程度の説明なら物事を伝えられるか」という基準がわからなくなってしまっているんですね。おまけにプライドがありますから、誰かのように「のび太くん」だの「石原さとみちゃん」だの「着替え中の女子高生」だの、格調の低いたとえ話は使えないでしょうからね……(涙)。もちろん、中には相手に合わせて説明のレベルも変えられる、センスの良い先生もいらっしゃるんですけどね。

つまるところ、私の書いた本たちが現在「バカバカしいけどなんとなく理解はできる入門書」として細々と、しかしありがたいことに一定のポジションを築けているのは、ひとえに「難解な入門書」を執筆してしまう専門家の先生方のおかげです。もし先生方がわかりやすくて面白い入門書を書くようになってしまったら、私の本なんて用無しですから。そう考えると、理不尽な入門書を書くことで私の居場所を作ってくださっている専門家の先生方には、いくら感謝しても足りない思いです。

日々人類の暮らしを良くしようと奮闘されている研究者の方々、そして読者のみなさんにも負けないように、私もこれからまた良い作品を作っていけたらいいなと思っています。

【参考書籍】

『最新宇宙論と天文学を楽しむ本―太陽系の謎からインフレーション理論まで』佐藤勝彦：監修（PHP研究所）
『大宇宙・七つの不思議―宇宙誕生の謎から地球外生命体の発見まで』佐藤勝彦：監修（PHP研究所）
『「相対性理論」を楽しむ本―よくわかるアインシュタインの不思議な世界』佐藤勝彦：監修（PHP研究所）
『宇宙一わかりやすい　相対性理論　図解イラスト超入門』小谷太郎：著（すばる舎）
『透明人間の作り方』竹内薫：著／荒野健彦：著（宝島社）
『サイエンス・インポッシブル―SF世界は実現可能か』ミチオ・カク：著／斉藤隆央：翻訳（日本放送出版協会）
『進化しすぎた脳』池谷裕二：著（講談社）
『光と色彩の科学』齋藤勝裕：著（講談社）
『モテたい脳、モテない脳』澤口俊之：著／阿川佐和子：著（新潮社）
『「量子論」を楽しむ本―ミクロの世界から宇宙まで最先端物理学が図解でわかる！』佐藤

勝彦：監修（ＰＨＰ研究所）
『タイムマシンがみるみるわかる本』佐藤勝彦：監修（ＰＨＰ研究所）
『見てわかるダーウィンの進化論』ナショナルジオグラフィック：著・編集（日経ナショナルジオグラフィック社）
『あらすじとイラストでわかる相対性理論―アインシュタインが発見した「時間」と「空間」の意外なヒミツとは？』知的発見！探検隊：著・編集（イースト・プレス）
『知識ゼロからのダーウィン進化論入門』佐倉統：監修（幻冬舎）
『人体冷凍　不死販売財団の恐怖』ラリー・ジョンソン：著／スコット・バルディガ：著／渡会圭子：翻訳（講談社）
『マンガ「種の起源」』田中一規：著（講談社）
『新しい科学の教科書　物理編―現代人のための中学理科』左巻健男：著（文一総合出版）
『ねこ耳少女の相対性理論と超ひも理論』竹内薫：著／藤井かおり：執筆協力／松野時緒：漫画（ＰＨＰ研究所）
『ねこ耳少女の量子論～萌える最新物理学～』竹内薫：著／藤井かおり：執筆協力／松野時緒：漫画（ＰＨＰ研究所）
『犬でもわかる現代物理』チャド・オーゼル：著／佐藤桂：翻訳（早川書房）

『［図解］量子論がみるみるわかる本』佐藤勝彦：監修（PHP研究所）
『マンガでわかる相対性理論』山本将史：著／高津ケイタ：作画／トレンド・プロ：制作／新田英雄：監修（オーム社）
『宇宙は何でできているのか』村山斉：著（幻冬舎）
『ゴキブリ3億年のひみつ―台所にいる「生きた化石」』安富和男：著（講談社）
『ツンデレ相対性理論』アインシュタインクラブ：著／連打一人：漫画（PHP研究所）
『宇宙授業』中川人司：著（サンクチュアリ出版）
Newton別冊『光とは何か？　改訂版―みるみるよくわかる　高校生たちとの編集会議を重ねて、より面白く、さらにわかりやすく！』（ニュートンプレス）
Newtonムック『ダーウィン進化論―生誕200周年、『種の起源』150周年』（ニュートンプレス）
Newtonムック『ニュートン力学と万有引力―物理の基本がみるみる理解できる！　なぜ月は落ちてこないのか？』（ニュートンプレス）
Newton別冊『みるみる理解できる相対性理論　―特殊相対論も一般相対論も実はむずかしくなかった！』（ニュートンプレス）
Newton　2011年12月号（ニュートンプレス）

宇宙年表

すごく昔
無の世界、時間すらない世界。そんなの想像できません。

およそ138億年前
ビッグバン。点が大爆発して宇宙が誕生。

およそ46億年前
塵が集まって、太陽&地球&月は仲良く誕生。

およそ40億年前
生命の起源/海の中に生命誕生。

およそ20億年前
陸地が1カ所に集まり〝超大陸ヌーナ〟誕生。ドラクエみたいな名前。

およそ46億年前
太陽、地球、月、誕生!!
およそ40億年前
海の中に生命誕生!!
およそ138億年前
ビッグバン!!宇宙誕生!!

およそ5億年前
カンブリア爆発。海の中で爆発的に多くの種類の生物が現れる。寒ブリが爆発したわけではないです。

およそ4億年前
脊椎動物の上陸。動物が陸に上がります。

およそ3億年前
ゴキブリ誕生。なぜ誕生したっ（怒）!!

およそ2億5000万年前
恐竜誕生。恐ろしい竜もゴキブリの後輩です。

およそ2億年前
ほ乳類誕生。ゴキブリと恐竜の後塵を拝して誕生。

およそ6500万年前
恐竜など大量絶滅。
恐竜は絶滅しますが、ほ乳類とゴキブリは生き残ります。

およそ4億年前
脊椎動物が上陸!!
およそ6500万年前
恐竜絶滅!!
およそ2億5000万年前
恐竜誕生!!

およそ600万年前

猿人の出現。二足歩行開始。腰痛の歴史も開始。

およそ200万年前

石器の使用。石器＝博物館でお客さんにスルーされる確率が高いコーナー。

およそ20万年前

ホモ・サピエンス（ヒト）誕生。ゴキブリと比べて若過ぎる。

およそ4500年前

エジプトにピラミッド建設。この規模の年表で見るとまるで昨日のようです。

およそ100年前

相対性理論誕生。時間の流れが人によって違うことが解明される。人間ごときが宇宙の仕組みの解明にチャレンジ。

およそ50年前	人類が宇宙へ。 恐竜なんて2億年で自転車も 作れなかったのに。
現在	透明マント発明間近。 男の夢がついに身近に(ヨダレ)!!
X年後	タイムマシンの発明？　1家に1台ドラちゃんが？
およそ50億年後	太陽が膨張し地球が飲み込まれる。 むしろ地球が太陽を飲み込むくらいの器量を持ってほしい。 銀河系とアンドロメダ銀河が衝突。
X億〜X兆年後	すべての星と生物が死に絶えた静かな宇宙。 ｏｒ 時間をワープして過去へ戻る。 ｏｒ 再び宇宙が収縮し1点に。など

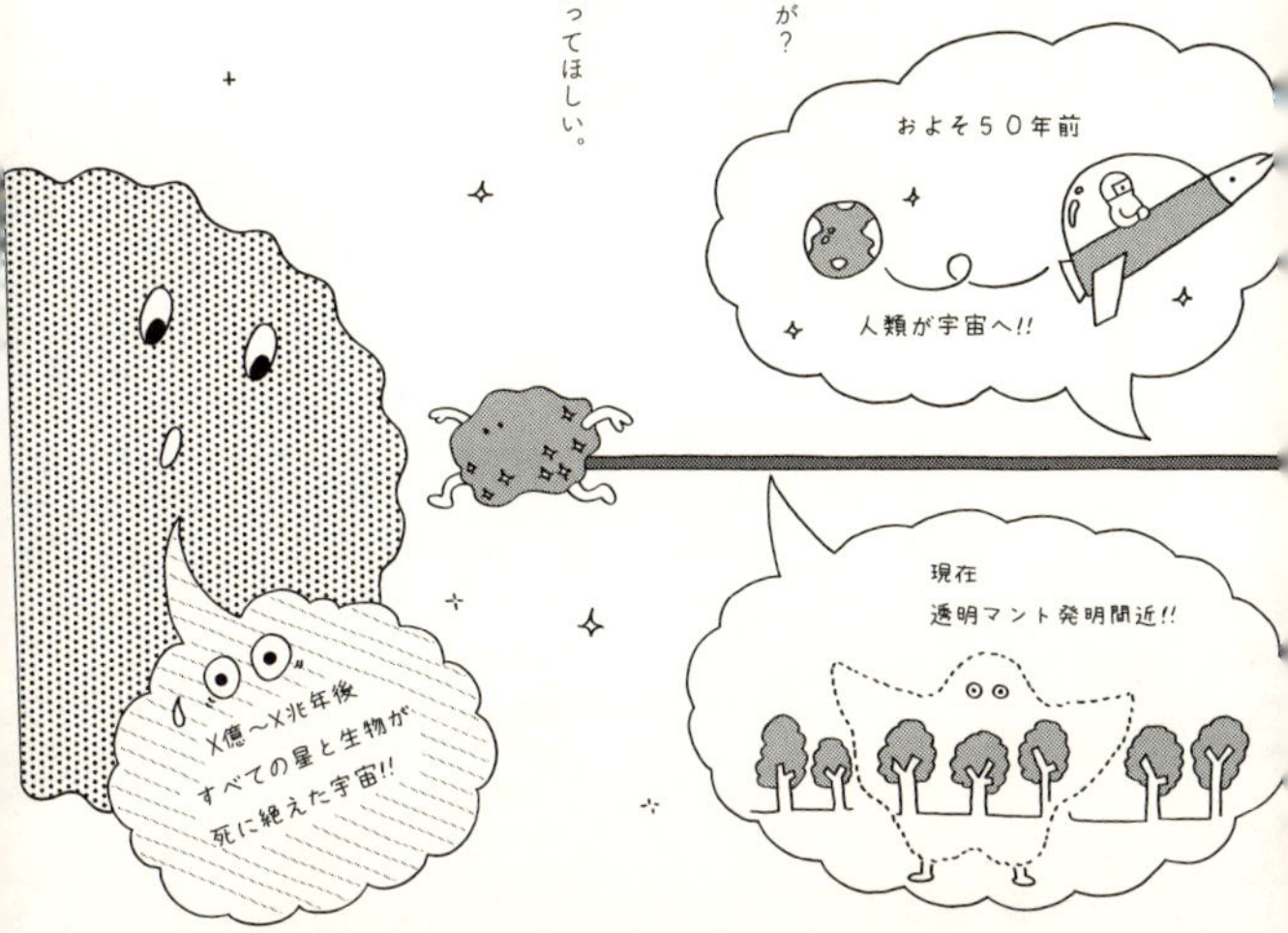

およそ50年前
人類が宇宙へ!!
現在
透明マント発明間近!!
X億〜X兆年後
すべての星と生物が
死に絶えた宇宙!!

監修　荒木拓人

この作品は二〇一一年十二月サンクチュアリ出版より刊行されたものです。
JASRAC 出 1707701-701

幻冬舎文庫

●好評既刊
三国志男
さくら剛

子供の頃のあだ名は「小覇王」。伝説の海賊といえば甘寧。シンバル音を聞くと孔明の伏兵がいると思い慌てる——。三度のメシより三国志が好きな、モテない引きこもりが中国に乗り込んだ。

●好評既刊
俺は絶対探偵に向いてない
さくら剛

探偵見習いのたけし。アイドルのストーカー相談では、アイドルとの生遭遇&生接触に興奮し、新興宗教に入信した若者の奪還では自分が洗脳されてしまう。たけしは無事、探偵になれるのか!?

●最新刊
新版 お金持ちになれる黄金の羽根の拾い方
知的人生設計のすすめ
橘　玲

国、会社、家族に依存せず自由に生きたいなら資産1億円が要る。欧米や日本では特別な才がなくとも勤勉と倹約それに共稼ぎだけで目標に到達する。誰もができる人生の利益の最大化とその方法。

●最新刊
世界の果てに、ぼくは見た
長沼　毅

砂漠、海洋、北極、南極……。「科学界のインディ・ジョーンズ」と呼ばれる著者にとって、未知なるもので溢れる辺境は、夢の地。研究旅行での神秘的な出来事や思索を綴った、寄り道エッセイ。

●最新刊
持たない幸福論
働きたくない、家族を作らない、お金に縛られない
ｐｈａ

「真っ当」な生き方から逃げて楽になった。世間の価値観にとらわれず、仕事や家族やお金に頼らず、社会の中に自分の居場所を見つけ、そこそこ幸せに生きる方法を、京大卒の元ニートが提唱する。

感《かん》じる科《か》学《がく》

さくら剛《つよし》

平成29年8月5日　初版発行

発行人――石原正康
編集人――袖山満一子
発行所――株式会社幻冬舎
〒151-0051東京都渋谷区千駄ヶ谷4-9-7
電話　03(5411)6222(営業)
　　　03(5411)6211(編集)
　　振替00120-8-767643

印刷・製本―中央精版印刷株式会社

装丁者――高橋雅之

幻冬舎文庫

ISBN978-4-344-42638-2　C0195　　さ-29-8

幻冬舎ホームページアドレス　http://www.gentosha.co.jp/
この本に関するご意見・ご感想をメールでお寄せいただく場合は、
comment@gentosha.co.jpまで。